El arte de correr

Andrea Marcolongo

El arte de correr
De Maratón a Atenas,
con alas en los pies

Traducción de Juan Rabasseda y Teófilo de Lozoya

taurus

Papel certificado por el Forest Stewardship Council®

MIXTO
Papel | Apoyando la
silvicultura responsable
FSC® C117695
www.fsc.org

Penguin
Random House
Grupo Editorial

Título original: *De arte gymnastica*

Primera edición: septiembre de 2025

Este libro ha sido traducido gracias a una subvención del Ministerio de Asuntos Exteriores
y de la Cooperación Internacional italiano.
*Questo libro è stato tradotto grazie a un contributo del Ministero degli Affari Esteri
e della Cooperazione Internazionale italiano.*

Printed in Spain – Impreso en España

ISBN: 978-84-306-2747-9
Depósito legal: B-10.058-2025

Compuesto en Arca Edinet, S. L.
Impreso en Unigraf
Móstoles (Madrid)

TA 2 7 4 7 9

A Luis Miguel,
con certeza

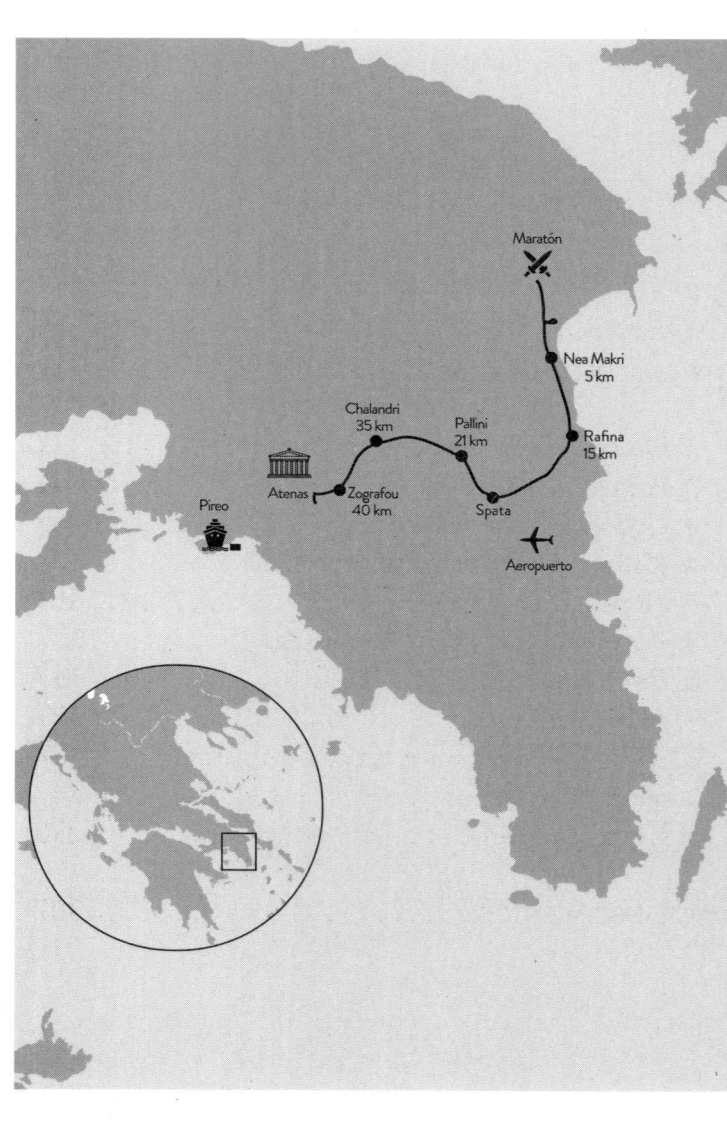

Maratón

Nea Makri
5 km

Chalandri
35 km

Pallini
21 km

Rafina
15 km

Atenas

Zografou
40 km

Spata

Pireo

Aeropuerto

ÍNDICE

SÓCRATES: [...] Me parece que los primeros hombres que rondaron la Hélade tuvieron solo por dioses, precisamente, a los mismos que la mayoría de los bárbaros tienen todavía hoy: al sol y la luna, a la tierra, a los astros y al cielo. Pues bien, como veían siempre a todos estos en movimiento y «a la carrera» (*théonta*), les pusieron el nombre de «dioses» (*theoús*) a partir de la naturaleza esta del «correr» (*theîn*). Posteriormente, cuando hubieron descubierto a todos los demás, siguieron ya llamándoles con este nombre.

PLATÓN, *Crátilo* 397c-d

Si estás parado, camina; si caminas, corre; si corres, vuela.

CICERÓN, *Cartas a Ático* 43 (II 23)

Difícil es, realmente, que estos, que podríamos calificar de corredores, una vez emprendido el camino hacia la piedad, puedan proseguir su carrera sin experimentar tropiezos ni interrupciones.

FILÓN DE ALEJANDRÍA

Si por la noche sueño, sueño que soy un corredor de maratón.

EUGENIO MONTALE

41,8 KILÓMETROS

Νενικήκαμεν (*Nenikékamen*). «¡Hemos vencido!». Esta fue la única frase, según la leyenda, que el mensajero Filípides fue capaz de pronunciar tras correr el primer maratón de la historia en 490 a. C. Luego cayó al suelo muerto de cansancio.

Pues bien, antes de dejarnos llevar por los infaustos presagios que gravitarían alrededor de aquellos primeros 41,8 kilómetros fatídicos recorridos a la carrera, vale la pena recapitular un poco el episodio. Que quizá no tuviera lugar precisamente así.

Por lo pronto, Filípides se llamaba tal vez Fidípides, al menos si nos atenemos al historiador Heródoto, el primero en contar la hazaña de este legendario hemeródromo; en la antigua Grecia, con este nombre —literalmente «el que corre durante un día entero», de ἡμέρα (*heméra*), «día», y δρόμος (*drómos*), del mismo tema que δραμεῖν (*dramein*), «correr»— eran llamados los mensajeros capaces de cubrir largas distancias a pie con el fin de entregar los despachos enviados de una ciudad a otra.

En cualquier caso, al margen de cómo se llamara, Filípides debía de estar monstruosamente bien entrenado si, ateniéndonos a la *Historia* de Heródoto

(VI 105-106), fue capaz de recorrer en un solo día doscientos veinticinco kilómetros de ida y vuelta desde el Ática hasta Esparta, para pedir a los lacedemonios que intervinieran en favor de Atenas en la violenta guerra contra los persas que estaba desarrollándose por entonces; y no solo eso: parece que durante su larga caminata el mensajero tuvo incluso tiempo de escuchar las quejas del dios Pan, apesadumbrado porque los atenienses descuidaban su culto.

La posterior versión, la que haría de Filípides el primer maratonista de la historia, nos la cuenta por primera vez Plutarco, escritor que vivió en el siglo I d. C., mucho después, por tanto, de los hechos relatados.

En su obra *Sobre si los atenienses fueron más ilustres en guerra o en sabiduría*, el historiador cuenta cómo, inmediatamente después de la colosal batalla de Maratón que marcó la derrota del rey persa Darío, un soldado, vestido aún con las armas del combate, corrió hasta Atenas para anunciar la histórica victoria conseguida. El desgraciado solo tuvo tiempo para decir «¡Hemos vencido!», el famoso νενικήκαμεν (*nenikékamen*) citado al principio y que se hizo casi proverbial, antes de caer al suelo extenuado por el cansancio.

Si bien Plutarco afirma no estar seguro del nombre no está seguro acerca del nombre del valeroso combatiente, dos autores posteriores, Pausanias y Luciano, no tienen ninguna duda: habría sido Filípides, el hemeródromo más célebre de toda Grecia.

A lo largo de los siglos, los estudiosos han intentado resolver las incongruencias de este legendario primer maratón, poniendo en duda con frecuencia su fundamento histórico; aparte de la grafía incierta del nombre del protagonista, no está claro por qué un corredor tan bien entrenado como Filípides, capaz de cubrir en un solo día los más de doscientos kilómetros que separan Atenas de Esparta, se habría sentido agotado por completo después de correr «solo» poco más de cuarenta.

Al margen de cómo fueran las cosas, hoy en día no existe casi ningún maratonista que haya oído hablar de esta historia, convertida en poco tiempo en leyenda, y que en su fuero interno no abrigue la esperanza de emular un día al primer maratonista griego, prueba irrefutable de que, incluso corriendo y sobre todo corriendo, todos necesitamos un poco de poesía.

Se impone hacer una aclaración —yo también he estado confundida mucho tiempo— y explicar una curiosidad etimológica.

Al referirme a la distancia geográfica que separa la ciudad de Atenas del *demo* o aldea de Maratón —de donde procede el nombre de la más noble entre las competiciones de carrera—, más arriba he escrito 41,8 kilómetros; cualquiera que esté mínimamente familiarizado con el calzado deportivo sabe que esos no son los kilómetros de rigor que se han de quemar si decide uno embarcarse hoy en día en un maratón.

En efecto, los anhelados 42,195 kilómetros actuales hicieron su aparición por primera vez durante los Juegos Olímpicos de Londres 1908, donde, por un capricho del príncipe de Gales, el arranque de la prueba tuvo lugar en los jardines del castillo de Windsor, para que los nobles pudieran presenciar la carrera con la mayor comodidad, rodeados de toda clase de facilidades y a la sombra; y así, desde entonces los corredores se ven obligados a apechugar con casi cuatrocientos metros extra antes de poder decir «hemos vencido».

Y ahora viene la curiosidad: etimológicamente, la palabra «maratón» no tiene nada que ver con el hecho de correr. El nombre de la localidad, en la actualidad sede de un pequeño y precioso museo sobre la carrera, procedería del antiguo término griego μάραθον (*márathon*) o μάραθος (*márathos*), que significa «hinojo», planta ampliamente difundida por la llanura que fue escenario de la célebre batalla contra los persas. Literalmente, pues, maratón significa «hinojal».

Está fuera de toda discusión que los mitos antiguos son fascinantes.

Pero la belleza —sin duda un poco trágica— de la historia que rodea al primer maratón no resta absolutamente nada al esfuerzo requerido para correrlo.

La modestia —léase insignificancia— de mi palmarés descarta toda posibilidad de contar en este libro triunfos épicos y la consecución de metas míticas; nunca he corrido cuarenta kilómetros seguidos y me resulta completamente indiferente que en la actualidad el recorrido prevea cuatrocientos metros más respecto a la carrera original; en mi cabeza cada centímetro es símbolo y leviatán a un tiempo de esfuerzo titánico.

Sin embargo, los años que he pasado peleándome con la lengua griega para intentar «pensar como pensaban los griegos» me han empujado a cambiar de estrategia; tras estar años sentada ante mi mesa de trabajo rodeada de libros y manuales de gramática, tengo la sensación de que ha llegado para mí el momento de levantarme e intentar «correr como corrían los griegos».

Porque solo hay una cosa que es verdad. Todo ha cambiado desde la época de Filípides —la tecnología, la política, la ciencia, la guerra, la manera de escribir, de comer, de viajar…; hemos sido capaces de echar a perder incluso el clima—, pero hay dos cosas que no han variado: nuestra constitución anatómica —los músculos de los que estamos provistos son hoy los mismos que envolvían los huesos ágiles de los griegos— y esos malditos 41,8 kilómetros que separan Maratón de la Acrópolis de Atenas.

Creo o, mejor dicho, quiero creer que dos constantes son mucho más que un comienzo; si no una certeza, son una magnífica posibilidad.

Por ese motivo y para sacar provecho de esa desconcertante epifanía que ha supuesto para mí empezar a correr después de pasar tantos años con la cabeza gacha ante el diccionario de griego, quiero cubrir con la fuerza de mis piernas y con la constancia de mi cerebro el mismo trayecto recorrido por el mensajero Filípides. Espero solo que el final de mi historia no sea tan trágico.

PREÁMBULO

Y después de que los niños aprenden las letras y están en estado de comprender los escritos como antes lo hablado, los colocan en los bancos de la escuela para leer los poemas de los buenos poetas y les obligan a aprendérselos de memoria [...].

Luego, los envían aún al *pedotriba* [«maestro de gimnasia»], para que, con un cuerpo mejor, sirvan a un propósito que sea valioso y no se vean obligados, por su debilidad corporal, a desfallecer en las guerras y en las otras acciones.

PLATÓN, *Protágoras* 325e-326c

A lo largo de mis treinta y cuatro años ha habido dos cosas que me han traído al mundo, aparte de mi madre. Dos cosas que no solo me han cambiado la vida, como se suele decir, sino que más bien me han hecho entender la vida y, por lo tanto, en definitiva, vivirla.

La primera ha sido el griego antiguo, conocido en los pupitres del liceo clásico cuando tenía catorce años. La segunda ha sido correr, actividad con la que me crucé a orillas del Sena en las postrimerías de un verano, hace ya tres años.

De ese segundo descubrimiento —o, mejor dicho, de esa segunda epifanía— es de lo que pretendo hablar en este libro. De la lengua de la antigua Grecia he hablado ya más que suficiente en otra parte, y no vale la pena añadir nada más; si hago a ella cualquier alusión en esta introducción no será para martirizar al lector, sino para ayudarme a mí misma a comprender, a razonar, con la esperanza de arrojar algo de luz, a fuerza de paralelismos, sobre lo que siento hoy en día a propósito de lo que es correr, algo que por comodidad podría resumirse fácilmente en una sola palabra: desconcierto.

Nada. Eso es lo que sabía yo de la carrera a pie, del running, del jogging o llámesele como se quiera, antes de calzarme por primera vez las zapatillas de correr.

Un cero patatero que por extensión, salvo por alguna que otra ocurrencia perfectamente olvidable, podría aplicarse a mis experiencias directas en el universo paralelo que, por convención, llamamos «deporte»; respecto a las indirectas, o sea, la fruición pasiva como espectadora del espectáculo humano del agonismo, podría jactarme de ser un poco más competente, pero, excepción hecha de una curiosidad futbolística tan ocasional como voluntariosa, que me ha llevado alguna que otra vez al estadio, nada más consistente que el sentimiento genérico y universal de nobleza y admiración suscitado por el cuerpo humano en movimiento cuando se observa desde la inmovilidad del sofá o de la grada.

Y aquí surge la primera e inesperada analogía con el itinerario que un día me condujo a coger entre mis manos el diccionario de griego antiguo: ni el más mínimo conocimiento previo. Más aún: ni la menor sospecha, antes de darme de manos a boca con ellos, de que ni el griego ni la carrera a pie merecieran el menor lugar destacado en mi trivial existencia.

Por dejarlo bien claro: mi modesto historial biográfico y familiar no podía jactarse de contar con nadie que se hubiera dedicado al cultivo de la Grecia antigua, sino que ni tan siquiera sabía de algún pariente lejano que hubiera obtenido el diploma de bachillerato superior. No se trata de nada que podamos calificar de demasiado dickensiano, por favor; para eso está la educación pública. Curiosamente, solo ahora me doy cuenta de que esa ausencia de humanistas en mi familia encaja por entero con la ausencia en ella de deportistas; salvo la canónica bicicleta recibida como regalo alrededor de los ocho años, no recuerdo haber visto nunca entrar en casa equipamiento deportivo alguno, ni nunca se me ocurrió pedirlo.

Ambos descubrimientos, pues, me encontraron en cierto modo sola y, dentro de mi pequeñez, fui una especie de pionera; en los dos casos, me tocó a mí arreglármelas sin ayuda de nadie y ponerme a buscar en un terreno que hasta ese momento no había sido para mí más que un desierto.

La única diferencia, y no es baladí, es que cuando me emperré en aprender el alfabeto griego contaba a mi favor con el viento ingenuo y descarado de la primerísima juventud. Cuando me calcé por primera vez las zapatillas de deporte, en cambio, ese viento estaba ya a punto de amainar para siempre.

El balance de estos dos descubrimientos, en cualquier caso, es el mismo; en uno y otro campo, pese a tanta fogosidad y tanto emperramiento por mi parte, he seguido siendo solo una diletante.

A mis treinta y cuatro años todavía no tengo ningún doctorado en Filología clásica del que jactarme ni medallas que exhibir, capaces de atestiguar las metas alcanzadas por mis piernas. Durante mucho tiempo me he afanado por gritar públicamente mi amor y mi entrega, pero en uno y otro ámbito, el del griego y el de la carrera a pie, he seguido estando claramente por debajo del profesionalismo y del agonismo.

La consecuencia es que, así como mi primer libro no debía entenderse al pie de la letra como un manual de griego antiguo, tampoco este relato deberá ser tenido por definitivo, científico, exhaustivo; no es más que la obra de una aficionada dotada fortuitamente de tobillos robustos, nada más, que, por tanto, no pretende dar consejos sobre la carrera (por el contrario, estaré muy agradecida si recibo alguno) ni patrocinar métodos de entrenamiento, que, por lo demás, no han dado grandes resultados cuando han sido probados por la ignorancia de una servidora.

Con toda la honestidad de la que dispongo y con toda la rigidez rayana en la crueldad con la que suelo valorar mis resultados, sé que esta propensión mía al diletantismo no debe achacarse a cualquier modalidad de flojedad o de pereza; o, mejor dicho, no solo a eso. Creo que es más bien consecuencia de la profesión que he escogido como medio de vida, o sea, escribir; lo que me llama la atención de la realidad no lo llevo casi nunca hasta sus últimas consecuencias por la necesidad perversa de dejarlo incompleto, para que me atormente con su imperfección y al mismo tiempo me dé placer al contarlo.

No carezco de competencias en griego antiguo ni de fuerzas en mis piernas. Y no creo, como dice Platón en el pasaje citado como exergo, haberme arredrado nunca ante la guerra, al menos la guerra personal, ni ante la acción. Debo reconocer, sin embargo, que no habría escrito nunca un libro sobre la gramática griega si hubiera tenido el valor suficiente para ser profesora, ni tampoco me habría puesto nunca a escribir este libro si hubiera corrido ya un maratón hasta el final.

Debe de ser, pues, ese el motivo de que corra y de que escriba, prolongar mi carácter incompleto. Una forma más de cobardía.

EL ARTE DE CORRER

1

DE ARTE GYMNASTICA

Σοφία (*sophía*), o sea, «ciencia», «saber».

Esta es la primera palabra del único tratado de la Antigüedad que ha llegado a nuestras manos acerca de la «gimnasia», que en sentido lato podríamos llamar tranquilamente «deporte».

Así pues, no pasatiempo, no alternativa menos noble que el ejercicio del pensamiento, no capricho; y tampoco puro gesto estético sin otro fin que él mismo ni mantenimiento obligado del cuerpo. Antes bien, ciencia, o sea, riguroso saber; eso era la actividad física según la filosofía de la antigua Grecia. Y más aún, una ciencia ξυγγενενεστάτην (*ksyngenestáten*), «connatural en grado sumo» al ser humano, por cuanto nace en el momento mismo en el que el hombre viene al mundo.

El autor de este breve e interesantísimo opúsculo, Περὶ γυμναστικῆς (*Perì gymnastikēs*), titulado en latín *De arte gymnastica*, fue Flavio Filóstrato, conocido como Filóstrato de Atenas, rétor y filósofo nacido en la isla de Lemnos alrededor de 170 d. C., en aquella etapa de la historia griega que era ya romana; activo en Roma en el círculo literario reunido alrededor de Julia Domna, la ilustrada esposa de Septimio Severo, obtuvo gracias a su fama un asiento en el Senado antes de morir en un año indeterminado entre 244 y 249.*

Así pues, siete siglos separan el pensamiento y la historia de Filóstrato de los de Pericles y Platón. Exactamente los mismos que nos separan ahora de Dante; valga esto para facilitar la perspectiva cronológica sobre ese prodigioso periodo histórico que fue la Grecia clásica del siglo v a. C. y que, por la majestuosidad de los resultados alcanzados, a menudo consigue desdibujar y deslucir todo lo que sucedió después en Grecia. Y como tras la grandeza de Fidias, Esquilo, Píndaro y demás se abatió sobre Grecia un torbellino de mediocridad, ante todo política, el objetivo de todos los literatos que vinieron después fue rastrear las causas de la decadencia que los condenaba al rango de meros comparsas de la historia de la literatura y no al de padres fundadores.

En su *Gimnástico* Filóstrato no abrigaba duda alguna: el principio del fin había que localizarlo en la flojera de los músculos de los griegos que eran contemporáneos suyos, espejo perfecto de sus pensamientos fútiles y fofos. Los grandes resultados deportivos de los atletas helénicos en las Olimpiadas eran ya un lejano recuerdo que había que contemplar en las estatuas de mármol deterioradas que reproducían a los vencedores y en los poemas olvidados que cantaban sus gestas. Si bien, como dice el filósofo,

---

* Todas las citas de Filóstrato han sido tomadas de la versión de su obra publicada por la Biblioteca Clásica Gredos: *Heroico. Gimnástico. Descripción de cuadros*, introd. de Carles Miralles, trad. de Francesca Mestre, Madrid, BCG, 1996. *(N. de los T.)*

«los leones de hoy no son en nada inferiores a los de antes, y lo mismo podría decirse de los perros, los caballos y los toros; en el reino vegetal, las viñas de hoy crecen igual que las de antaño, como también los frutos de la higuera; nada ha cambiado con respecto al oro, la plata y las piedras preciosas; sino que, al contrario, siguiendo los dictámenes de la naturaleza, todas estas cosas son iguales ahora que antaño», es evidente que el carácter de los hombres, que biológicamente siguen siendo idénticos a los de antaño, de repente se ha vuelto muelle debido a la pereza y a la falta de ejercicio: «Aquellas cualidades que brinda la naturaleza han sido deformadas [...] a causa de entrenamientos inadecuados y de prácticas poco apropiadas».

Filóstrato, sin embargo, no era únicamente un pesimista, sino sobre todo un gran pensador; su objetivo era demostrar en primer lugar que el deporte no es un simple recreo para entrenar el cuerpo, sino un requisito esencial para fortalecer el pensamiento.

Y así escribe al comienzo de su libro:

Considérense saberes actividades tales como filosofar, hablar de forma elaborada, dedicarse a la poesía, a la música, a la geometría y también, por Zeus, a la astronomía —aunque solo sea de forma superficial—; un saber es asimismo organizar un ejército y aun muchas otras cosas por el estilo: toda la ciencia médica, la pintura, la plástica, la escultura y el grabado, tanto en piedra como en hierro [...]. Sin embargo, decimos a propósito de la gimnástica que es un saber no inferior a los otros.

Evidentemente, yo a Filóstrato casi no lo conocía y no había leído nunca su trabajo sobre el deporte, tan valioso como moderno, antes de dedicarme al proyecto de vida y de escritura en el que se ha convertido para mí correr.

Tanto en el instituto como en la universidad me pasé —exactamente— semanas y meses enteros intentando descifrar el pensamiento filosófico de los grandes autores del mundo clásico hasta llegar a abstracciones lógicas tales —y más a una edad en la que se es tan joven— que los griegos antiguos me han parecido siempre criaturas titánicas y casi monstruosas por su intelecto, poco propensas a los vulgares chantajes del cuerpo; aunque lograba figurarme perfectamente a Platón mientras entrenaba su hipertrófico cerebro, nunca llegué a imaginármelo empapado en sudor, dedicado a hacer deporte.

Que los antiguos estaban dotados de un físico robusto y de una furiosa inclinación al agonismo lo sabía, por descontado, desde la fundación de la primera Olimpiada en 776 a. C., en la época de Homero, hasta la proverbial máxima de Juvenal *mens sana in corpore sano*. Sin embargo, no me imaginaba yo que los griegos, que en unos pocos siglos se empeñaron en trazar un mapa de todos y cada uno de los aspectos de la realidad, desde la circunferencia física de la Tierra hasta la metafísica del alma, se hubieran tomado también la molestia de investigar a fondo sobre el significado del deporte.

Tal vez precisamente porque no había hecho deporte nunca.

Así que, cuando tuve entre las manos el tratado de Filóstrato, contaba con encontrar revelaciones sensacionales y, para mi vergüenza, esperaba descubrir quién sabe qué métodos de entrenamiento que datarían de los tiempos de Sócrates y que habrían hecho de mí una atleta homérica.

Ignorancia, todo ello, fruto no solo de mi incompetencia como filóloga y de mi inexperiencia con las zapatillas de deporte, sino también del planteamiento enloquecido en torno al deporte propio de esta época chapucera que es la nuestra.

Con la complicidad perversa de la reciente pandemia que ha destapado y agravado el malestar de una sociedad cada vez más sedentaria, rayana en la inmovilidad, nos vemos asediados por doquier —desde los periódicos nacionales hasta nuestras redes sociales, desde la publicidad de los envases de productos alimentarios más o menos biológicos hasta los videojuegos— por personas que quieren enseñarnos *cómo* debemos ejercitarnos, por planes de entrenamiento, llamados en inglés *workout* conforme a una moda que no sé cuándo dio comienzo, que se nos proponen o se nos exigen en las situaciones más disparatadas, muchas de ellas francamente absurdas. Mantenerse en forma, pues, se ha convertido en un imperativo estético y moral, con la consiguiente aparición de una industria económica que pretende enseñar al hombre contemporáneo la única cosa que sabe hacer de modo natural desde que viene al mundo, como diría Filóstrato: moverse.

Además, aparte de qué ejercicios debemos hacer, un Estado reducido ya al rango de buen padre de familia se encarga de recordarnos por qué debemos hacerlos: junto con la recomendación de comer cinco piezas de fruta y verdura al día, ahí tenemos reproducido por doquier, desde las bolsas de patatas fritas hasta las botellas de champán, el bondadoso consejo de que debemos practicar regularmente una actividad física para vivir con buena salud.

Michel Houellebecq diría que el precio que hay que pagar por esa utópica pretensión de tener una vida más saludable y más larga es la pérdida de la alegría de vivir. Y a los griegos en realidad no les interesaba en absoluto todo ese afán por morir lo más tarde posible y estar lo más delgado posible.

Si bien es cierto que Filóstrato escribió el primer manual de deporte de la historia, no lo hizo para transmitirnos el plan de entrenamiento del perfecto héroe griego ni para declararles la guerra a los radicales libres. Para él el quid de la cuestión no era ni cómo hacer deporte —esto es, con qué frecuencia ejercitar nuestros músculos mortales— ni por qué hacerlo, redactando una lista utilitaria de los beneficios que se van a cosechar. El meollo de su libro era comprender ante todo qué es el deporte y, por lo tanto, de qué hablamos cuando nos referimos a la actividad física.

Desde que intuí que detrás de la carrera a pie había mucho más que una cara enrojecida y unas agujetas generalizadas, entender qué es verdaderamente la actividad deportiva me resultó más necesario que nunca. De hecho, enseguida comprendí que el bienestar que sentía después de entrenarme —y algunas pocas veces mientras me entrenaba, si encontraba el valor necesario para guardar las distancias entre la cama y yo— no podía circunscribirse solo a los músculos y su movimiento mecánico. Lo que estaba en movimiento era todo mi ser, físico, mental, emotivo, espiritual, que imploraba que me moviera para estar bien más allá del simple aspecto saludable del asunto.

Ha sido para arrojar luz sobre todo esto por lo que he hecho del *Gimnástico* de Filóstrato la principal referencia teórica del presente libro. Las piernas, en cambio, las he puesto yo sola.

Tengo que preparar un maratón y no sé por dónde empezar.

Así pues, empecemos por el vocabulario.
Me gusta muchísimo el verbo que se utiliza en el running para designar el entrenamiento necesario con vistas a una competición: «preparar». Una carrera no se improvisa ni se intenta, se prepara. Como un pastel, un examen, una cita.

También por ese motivo, y sobre todo por él, he decidido escribir este libro: para intentar entender por qué en una época que ha convertido la dejadez y la velocidad en un valor, el esfuerzo y la constancia requeridos por la preparación siguen siendo ineludibles y un obstáculo que no se puede sortear para alcanzar un objetivo; y cómo es que, en el caso del maratón, todos los años son perseguidos incluso voluntariamente, a pesar del trabajo enorme que suponen, por centenares de miles de personas en el mundo.

Tengo por tanto a mi disposición cinco meses para prepararme para correr esos dichosos 41,8 kilómetros que separan Maratón de Atenas, una distancia que en este momento me inspira respeto (y miedo), incluso el mero hecho de escribirla. No es mucho tiempo, pero es suficiente.

Desde hace algún tiempo mis carreras matutinas rondan más o menos los siete u ocho kilómetros, los fines de semana un poco más. Pero se trata, como en esta ventosa mañana de mayo a orillas del Sena, de carreras sin un objetivo específico, motivadas solo por la costumbre y por las ganas de sentirme bien para dedicarme pronto a los otros quehaceres de la jornada. Por lo demás, hay runners que corren todos los días desde hace decenios sin inscribirse nunca en un maratón y con eso se quedan satisfechos; desde luego no es obligatorio infligirse las mismas torturas que el griego Filípides. Veinte kilómetros seguidos ya los he corrido una vez, y no estuvo tan mal; mejor dicho, debo reconocer que resultó bastante bonito, una experiencia que para mí ha resultado una especie de emblema y que me ha permitido tomarme al menos un poco en serio como runner (solo me falta, pues, correr el doble, me digo con enorme optimismo cuando me asalta la angustia al pensar en Atenas).

Aunque nunca he corrido un maratón, puedo decir que tengo leído ya todo lo que existe acerca de las maneras de prepararlo. En efecto, desde hace un año por lo menos, saqueo quioscos de prensa, páginas de internet y recuerdos personales de amigos en busca de la mejor forma que tiene uno de estar listo para llegar a la línea de partida… y para llegar vivo a la meta.

No sé si será porque desde siempre he sido una empollona o una persona ansiosa —las dos cosas, creo—, pero ha llegado un punto en el que mi mesa de trabajo se ha visto invadida de revistas especializadas y de libros sobre el tema en cuestión en sentido más o menos lato, he husmeado en un blog y en páginas de Facebook, e incluso he consultado los planes de entrenamiento de todas las aplicaciones de las grandes marcas deportivas. Mis investigaciones me han llevado a conocer al detalle los maratones más disparatados del mundo —hay quien corre orgullosamente desnudo, quien lo hace en compañía de su perro, o borracho, o subiendo y bajando durante toda una noche las escaleras de Montmartre—, casi todos los modelos de zapatillas para correr que están en circulación, el catálogo completo de geles y de barritas energéticas, aparte, naturalmente, de la dieta del perfecto corredor. Sin embargo, no he encontrado lo que buscaba: algo que dé sentido a todo ese sufrimiento.

Las tablas que me he bajado y que he estudiado, con sus kilómetros semanales y el plan de entrenamiento repartido a lo largo de cuatro meses o más, son parecidas unas a otras, y todas muy precisas a la hora de darle a uno una idea del sufrimiento que inflige a los músculos y a los ligamentos la preparación de un maratón. Aun así, no hay ni rastro de poesía; nadie cuenta lo que hay que leer, en quién hay que pensar, qué música se debe escuchar durante cada uno de esos titánicos entrenamientos. Sobre todo, nadie dice por qué hay que prepararse. Por desgracia, nadie habla de belleza.

Así pues, he decidido seguir un plan de entrenamiento bastante habitual, repartido en cerca de dieciocho semanas y, entretanto, pedirle cuentas a la que desde siempre ha sido para mí la brújula de todo el esfuerzo que supone existir: la literatura.

En este caso, sin embargo, los descubrimientos han sido bastante escasos. Pronto me he dado cuenta, en efecto, de que son poquísimos los libros en los que se habla de correr, o incluso aquellos en los que el protagonista no mueve las piernas únicamente cuando tiene prisa; además, casi todos han sido escritos por hombres.

Salvo en Filóstrato, no hay ni rastro del running en los textos antiguos, ni tampoco en obras más recientes. Dante, en cambio, hace de la carrera a pie un castigo sádico en el canto tercero del «Infierno», en el círculo de los cobardes, los ignavos. Excepción hecha de los ensayos más específicos y de las biografías de los grandes atletas, los únicos libros sobre correr que han encontrado un sitio junto a las revistas dedicadas al running han sido, en mi caso, dos: Correr,* *del francés Jean Echenoz, biografía novelada del gran corredor checoslovaco Emil Zátopek, y, por supuesto,* De qué hablo cuando hablo de correr,** *de Haruki Murakami.*

Si bien no me es posible, evidentemente, identificarme con uno de los corredores más grandes de la historia contemporánea, en cambio con Murakami sí que lo es; ya había leído su libro —y me había encantado— cuando todavía no corría, y releerlo tras mi iniciación a la carrera a pie ha supuesto un alivio y un acicate a la vez. No obstante, hay un detalle no baladí que me separa y me

---

*   Jean Echenoz, *Correr*, trad. de J. Albiñana, Barcelona, Anagrama, 2014. *(N. de los T.)*

** Haruki Murakami, *De qué hablo cuando hablo de correr*, trad. de F. Barberán, Barcelona, Tusquets, 2011. *(N. de los T.)*

mantiene lejos de la experiencia del escritor japonés, que durante décadas ha corrido un maratón al año antes de dedicarse al triatlón y a la ultra: yo todavía tengo que correr uno y ni siquiera sé si lo lograré… y tampoco soy aspirante al premio Nobel; solo faltaría.

De todas formas, al final he tenido una intuición: aunque nunca he corrido 42,195 kilómetros, ya he escrito un libro, y no uno solo; es otra modalidad de carrera de resistencia, un maratón totalmente intelectual al término del cual acabo siempre destrozada, extenuada, con la sensación de haberlo dado todo y más, y con la certeza de no querer volver a oír hablar del asunto en torno al cual he escrito.

Así que para prepararme no tengo más remedio que dirigir a la carrera la misma mirada de curiosidad —léase obsesionada— que no soy capaz de abstenerme de dirigir a los temas que me apasionan y sobre los cuales tengo la intención de escribir. Ya se trate del griego, de la Eneida o de running, una vez que decido que vale la pena dedicar unas cuantas líneas a un tema siento una urgencia tal, una necesidad casi física de comprender, que estaría dispuesta a todo con tal de llegar hasta el final; si no llegar a matar, por lo menos a consagrar a mi objetivo todos mis pensamientos, todas mis lecturas y todas mis conversaciones durante meses y aun años, atormentando mis neuronas y las de quien tenga a mi lado.

Así es, por tanto, como tengo la intención de preparar este maratón y de escribir este libro; si pensar en la carrera de manera abstracta, sin haber tenido previamente experiencia de ella, me resulta imposible, también lo es *limitarme a entrenar mis piernas de modo aséptico. Cada sesión de entrenamiento con la mirada puesta en Atenas será, pues, para mí una forma de reflexionar, y de entrenar mis ideas y ponerlas luego a prueba; y si no tuviera más remedio que fracasar, fracasarían las dos cosas, mi maratón y mi escritura.*

En el fondo, para mí se trata una vez más de escribir un libro, solo que esta vez lo haré corriendo y no con las piernas quietas debajo de mi escritorio. Quizá no funcione, pero por lo menos esta forma de preparar el maratón me motiva; y en uno y otro caso, ya se trate de escribir o de correr, me reconforta un poco.

2
POR QUÉ CORREMOS

No sé exactamente por qué corro yo.

Al disponerme a escribir este libro y al planificar con meticulosidad los entrenamientos diarios que me llevarán —o al menos eso espero— a participar en noviembre en un maratón por primera vez, me he dado cuenta, escandalizada, de que no sé muy bien por qué me empeño desde hace tres años en atarme los cordones de las zapatillas de correr.

Desde luego podría enumerar una serie de razones, todas muy nobles y todas igualmente banales: el bienestar mental que me produce el running, la importancia de la forma física y de un estilo de vida sano, las ganas de poner a prueba los que considero que son mis límites, demostrarme a mí misma y a los demás que soy capaz de permanecer en pie sobre los talones durante cuarenta y un kilómetros y pico, etcétera, etcétera. Pero no es así. O por lo menos no solo es así.

Por debajo de la superficie de todas estas razones de manual de *self-development*, lo cierto es que no sé verdaderamente por qué corro; desconozco el motivo irracional por el que casi cada vez que me entreno a orillas del Sena me prometo que será la última y, en cambio, nunca lo es.

Nunca he sido el tipo de persona que es víctima de la fascinación por las grandes hazañas «que hay que vivir para contarlas»: no creo que, dentro de unos años, en el transcurso de una cena saque a relucir con orgullo el hecho de haber corrido un maratón «porque es un maratón»; la circunstancia de que se trata de un recorrido reconocido como mítico no me interesa mucho, desde luego no más que el París-Dakar (que de hecho no me interesa nada) o que la travesía a nado del canal de la Mancha. La seducción de los dos mil quinientos años que pesan sobre la distancia entre Maratón y Atenas no afecta lo más mínimo a la motivación marmórea a la que me tiene sometida la constancia de los entrenamientos.

De hecho, que se trate del maratón de Atenas y no del de Chicago me resulta bastante indiferente, al menos desde el punto de vista del rendimiento deportivo; imaginar que corro por el mismo camino por el que hace dos milenios corría el pobre Filípides no me ha supuesto ni una sola vez el menor alivio a mi fatiga.

Así que, si no es el panorama del Ática o la meta fijada en el estadio Panatenaico, en el que en otro tiempo eran galardonados con una corona de olivo los atletas antiguos, tiene que ser otra cosa lo que me mueve las piernas y me anima a no darme por vencida. Algo más profundo, que no estoy segura de poder reconocer, o que quizá tal vez no esté tan segura de querer descubrir.

Después, meditando un día más a fondo sobre esa aparente falta de motivaciones intrínsecas por mi parte, me di cuenta de que el acto de correr tiene para mí algo que ver con mi terror a envejecer.

Al final he entendido, creo yo, que me empeño en correr porque es la manera más concreta y eficaz de sentirme viva, o al menos la única que conozco. Dicho con otras palabras, corro porque tengo miedo de morir.

«Sin duda, es motivo de esperanza para aquellos que siempre emprenden empresas más difíciles el no desconfiar de sí mismos», dice en cierto momento Filóstrato en un breve capítulo, en el que aborda el que, desde siempre, parece que ha sido el único requisito para correr: la motivación. Y posiblemente que haya cerca alguien dispuesto a creérsela.

Ni los músculos, ni la capacidad respiratoria, ni la zancada ni un par de rodillas resistentes; en cualquier manual de running, empezando por el primero de la historia, se dice con toda claridad que lo único necesario para llegar al final de una competición o incluso para llevar a cabo el entrenamiento más trivial —incluida la carrerita del domingo— es una buena razón. Un motivo para correr tan sólido que compense el cansancio, la frustración, las súplicas de los gemelos, que no piden más que parar de una vez por todas…, aparte de ese sutil pero perverso sentido del ridículo que pica siempre por algún lado al corredor no agonista, obligándolo a preguntarse por lo menos una vez en cada sesión: «Pero ¿quién me manda a mí meterme en esto?».

Un objetivo tan indeleble que no corre el riesgo de acabar borrado por el primer sudor que corre por la frente ni por las mil alternativas más confortables que ofrece el menú de la vida aparte de la carrera, tarea que para los simples mortales se sitúa en la agenda diaria por la mañana, sin tiempo apenas para levantarnos de la cama, o por la noche, poco antes de meternos en ella, y, entremedias, una agotadora jornada de trabajo y de familia.

En resumen, para correr y para seguir haciéndolo es precisa una motivación más férrea que la tensión de un ligamento, una voluntad inquebrantable de darlo todo sin reservas y sin medida, hasta el final; precisamente como la que empujó al primer maratonista de la historia a correr hasta el extremo y aún más allá.

Hay que reconocer —no sin consternación— que las motivaciones que obligaban a los antiguos a entrenarse eran mucho más convincentes y persuasivas que los avisos de la app de carreras que utiliza cualquier runner (cada uno tiene la suya, según los gustos), o que los mensajes de los amigos (si se decide uno por compartir con otros la carga de la rutina obligatoria que se necesita para preparar un maratón), o que las amenazas de los distintos smartwatches, todos un poco alienantes (que empiezan a alarmarse cuando dan las seis de la tarde y no se han cubierto todavía los canónicos diez mil pasos diarios).

Los griegos fueron escuetos y sintéticos —y también bastante crueles— al canonizar la mejor de las motivaciones para ponerse a correr y no dejar de hacerlo: o vida o muerte.

Ya entre los egipcios existía una ley según la cual el que llegara segundo en una competición tras haber sido proclamado ya vencedor la vez anterior, era merecedor de la pena de muerte.

Así pues, en Egipto pesaba sobre los atletas una presión literalmente mortal, quizá el único caso de la historia en el que valía la pena alegrarse y dar un suspiro de alivio por llegar siempre entre los últimos. El atleta tenía de todas formas la posibilidad de ofrecer como garantía la vida de otro, quizá para correr con el espíritu un poco más ligero, aunque evidentemente los voluntarios escaseaban. Se cuenta, sin embargo, que en el caso de Átalo el Egipcio, coronado vencedor una primera vez, fue su gimnasta o entrenador el que ofreció su vida en prenda con ocasión de una nueva competición; este gesto de confianza sin condiciones, a riesgo incluso de la propia muerte, motivó al atleta y lo ayudó a obtener una segunda victoria todavía más deslumbrante.

Pero en el deporte la motivación de los antiguos era tan inquebrantable que una vez en Grecia llegó a ganar las Olimpiadas un muerto.

Durante una final de pancracio —palabra que, tomada al pie de la letra, significa «fuerza total», de πᾶν (*pān*), «todo», y κράτος (*krátos*), «fuerza», prueba que reunía en una sola el pugilato y la lucha y que debía practicarse preceptivamente en medio del polvo en el momento más caluroso del día—, Aristión, que había vencido ya dos veces, sintió que le fallaban las fuerzas. Entonces su entrenador, como cuenta Filóstrato, suscitó en él «el amor a la muerte» —en griego ἔρωτα θανάτου (*érota thanátou*)— pronunciando la frase: «¡Qué hermosa mortaja es no haber renunciado a la victoria en Olimpia!».

Según las fuentes, Arriquión (Aristión) habría muerto estrangulado mientras obligaba a su adversario a darse por vencido debido al dolor causado al romperle un dedo del pie. Sea como fuere, los laureles de la victoria llegaron a ceñirle las sienes cuando era ya cadáver; una estatua erigida en el mercado de Figalia, su pequeña ciudad natal, recordaría su hazaña a la posteridad.

Filóstrato cuenta luego otras dos historias ejemplares en las que la motivación para seguir dando el máximo de uno mismo en la práctica del deporte fue alcanzada no ya por el dominio de la muerte, sino por el de la vida, o mejor dicho del amor, que en el fondo es lo mismo.

Se cuenta que un tal Mandrógenes de Magnesia, huérfano de padre, no perdió ni por un instante la determinación de vencer cuando su entrenador escribió las siguientes palabras en una carta dirigida a su madre: «Si oyeras que tu hijo ha muerto, créetelo; pero si oyes que ha sido vencido, no te lo creas».

Más romántica es por último la historia de Prómaco de Pelena, luchador coronado en tres ocasiones en los Juegos Ístmicos, dos en los Nemeos y una en las Olimpiadas, famoso por la crueldad de sus manos —parece que causó la muerte a varios contrincante durante las competiciones de pugilato— y su tierno corazón. Un día su entrenador se dio cuenta de que estaba enamorado porque durante los entrenamientos no hacía más que suspirar y ruborizarse. Decidió entonces resolver el asunto diciéndole al muchacho que su amante estaría encantada de concederle una cita solo en el caso de que él ganara las Olimpiadas, y el chico lo hizo de inmediato, sin limitarse solo a llegar el primero a la meta, sino derrotando además a un adversario conocido por ser capaz, entre otras cosas, de domar leones solo con las manos.

Durante estos años he pedido a todos los corredores que conozco, desde los más tenaces hasta los menos disciplinados, que me dijeran *por qué* se corre en realidad, pero ninguno ha sido capaz de darme una respuesta concreta: todos aluden a un «bienestar» genérico, por supuesto, ya sea físico o mental, pero la motivación de la carrera no puede circunscribirse a ese puñado efímero de endorfinas, pues son muchísimas las actividades humanas, además del running, que incitan al cerebro a segregar esos neurotransmisores del buen humor y de la satisfacción; no es obligatorio correr como un desesperado para sentirse un poco feliz.

Desde que tomé la decisión de escribir este libro, o mejor dicho de vivirlo —porque una parte de la actividad de escribir se halla indisolublemente ligada a la de correr para prepararme de cara al maratón—, no hago más que observar a todos los runners con los que me cruzo a orillas del Sena preguntándome: «¿Qué es lo que nos empuja? ¿Qué motivación profunda nos sostiene, nos guía y en cierto modo nos obliga a correr, como si en un momento dado hubiéramos sido esclavizados por esa urgencia y ahora henos ahí, dispuestos a recorrer carriles bici y aceras a las diez de la noche, cuando los demás están ya felizmente sentados en el restaurante, o a las seis de la mañana, cuando la ciudad descansa todavía?».

Luego, un día de enero di un paso adelante en mi esfuerzo por intentar intuir por qué, desde hace dos mil quinientos años y pico, el ser humano sufre una especie de fiebre que lo obliga a correr.

Me encontraba en la playa, uno de esos inviernos orgullosos y poéticos como solo saben serlo los de Bretaña cuando baja la marea. El litoral estaba desierto, la típica congoja del mar en invierno; estábamos tan solo mi compañero y yo, una señora de edad avanzada junto a dos niños, que me figuré que eran sus nietos, y un perro. Cuando uno de los dos chiquillos rubios, empeñado en quién sabe qué cacería de conchas, oyó a su abuela llamarlo, levantó la vista, sonrió y echó a correr hacia ella, con el perrito fiel pegado a sus talones.

Entonces lo entendí: *de forma natural*, es decir, al margen de toda pretensión de entrenamiento, corremos cuando somos felices.

Así lo hacen desde siempre los niños, a quienes resulta imposible obligar a la inmovilidad de una silla si se les deja libres para jugar y vivir la estación alegre de la infancia. Una vez adultos, nos ponemos a correr de modo natural, sin avergonzarnos de nuestra torpeza, cuando entre la multitud divisamos a algún ser querido, ya sea en el aeropuerto o en una cita, que nos recuerda el milagro de existir; y entonces *corremos* literalmente a su encuentro.

Lo contrario de ese impulso hacia el otro, y todavía más natural, es la fuga. Si corremos para llegar hasta una persona, corremos todavía más deprisa para escapar de ella.

Precisamente por esta única motivación debió de tener lugar la primera carrera del ser humano. El día cero de la bomba atómica de la evolución que nos obligó a habitar en este planeta. En una síntesis extrema, las piernas quizá solo sirvan para eso, para huir de un hipotético peligro a la primera señal de alarma; desde luego para esa función, la de captar los peligros y transmitir a los músculos el impulso de fuga, está programado nuestro cerebro, que, pese a todas las licenciaturas y todos los progresos contemporáneos, sigue siendo idéntico, en cuanto a miedos y necesidades primarias, al del tembloroso *Homo sapiens*.

Siempre por esa razón, el corredor más célebre de la historia del cine, el ingenuo y desgarrador Forrest Gump, empieza de niño a dar las zancadas que lo llevarán a atravesar un día toda América, cuando su compañera Jenny lo incita a huir de los acosadores que lo persiguen con la frase que ya se ha hecho proverbial: «¡Corre, Forrest, corre!».

De forma natural, es decir, sin ninguna finalidad deportiva, el ser humano corre por dos motivos especulares: porque está feliz o porque está temeroso. Para llegar hasta el otro o para huir de él. Todo lo demás, cualquier forma de empecinamiento agonístico, no es más que un intento de hacer las paces con uno de estos dos impulsos, felicidad o miedo. O con los dos.

Perseguir, huir. Me parece, pues, que ese es el meollo de la motivación que cada día empuja a centenares de millones de hombres y mujeres a correr sin tener una necesidad aparente.

Hace tiempo que por nuestras calles no andan ya sueltos depredadores naturales (siempre y cuando, eso sí, el ser humano haya tenido alguno impuesto por las leyes de la naturaleza; el debate sigue abierto). Sin embargo, esa impresión primero de fuga y luego de conquista que siente todo corredor después de una carrera sigue sin cambiar desde hace milenios; y el estado de ánimo de calma aparente después de devorar unos cuantos kilómetros es siempre un trofeo inalterable.

Recuerdo una frase oída por casualidad en uno de los muchos pódcast dedicados a las carreras que me he puesto a escuchar para domar el aburrimiento de la repetición de los entrenamientos, y que sonaba más o menos así: «No existe runner que, después de una carrera, vuelva a casa sintiéndose peor que cuando salió de ella».

Efectivamente, ese es el principio que todos los corredores del mundo admiten con desconcertante claridad: se sale a correr para escapar, más o menos conscientemente, de la carga cotidiana de estrés, fatiga, frustraciones, expectativas y presiones. Y, después de una carrera —ya sea larga o corta, dándolo todo o a medio gas, qué más da—, la que vuelve a casa y se mete debajo de la ducha es una versión de uno mismo, si no mejor, por lo menos aliviada.

Una versión que, si bien no siempre aligerada, por lo menos es un poco digna de compasión; y, en esa lucha atávica por el equilibrio entre felicidad y miedo, eso ya es mucho, si no la clave de todo.

Ese angustioso y orgullosamente griego «amor a la muerte» del que habla Filóstrato entre las posibles motivaciones que nos empujan a correr yo al menos no lo he sentido nunca.

En cambio, todos y cada uno de los días que envía Dios al mundo, siento justo lo contrario: el terror a la muerte, esto es, un desmesurado y loco «amor a la vida».

Conozco innumerables actividades, la mayor parte de ellas muy agradables —amar, visitar una exposición de arte, leer un buen libro, una copa de un buen vino blanco en una terraza en verano, el perfume frío de la primera nieve—, para demostrarme a mí misma que estoy viva; es decir, no solo biológica, sino enteramente viva, desde el punto de vista emotivo, físico y espiritual.

Sin embargo, se trata de ocupaciones que, por sublimes que sean, no hacen que me «palpite el corazón», como suele decirse. Me hacen feliz, pero lo cierto es que no aceleran mucho el ritmo de mis pulsaciones; incluso en el sincero bienestar que una buena compañía o un hermoso panorama puedan procurarme, mi electrocardiograma no indica variaciones significativas respecto al número de latidos necesarios en estado de reposo para bombearme la sangre en las venas.

En general no soy ninguna fan de lo efímero, las palpitaciones cardiacas y el consiguiente subidón de adrenalina producido por experiencias extremas, desde los deportes *no limits* hasta las drogas o las películas de terror; no están hechos para mí. Resultado de todo ello es, por tanto, por exclusión o tal vez por cobardía, que la única ocupación que conozco y que practico habitualmente para incrementarme los latidos del corazón por encima del umbral biológico del reposo, lo que por lo demás se llama metafóricamente «dejarse vivir», es correr.

Cuando corro, no me dejo vivir; vivo. La siento con una precisión y con una concreción que antes de dedicarme a correr me eran por completo desconocidas, y eran también inaccesibles a la más sublime de las actividades intelectuales.

Ese instinto de vida que experimento corriendo no es algo cerebral que ocurra solo en mi cabeza ni tampoco algo íntimamente poético, no es el fruto a menudo amargo de mis pensamientos. Desde el punto de vista físico, biológico, cuando corro estoy viviendo, estoy haciendo aquello para lo que he sido programada: moverme y hacer funcionar mi cuerpo al máximo de sus potencialidades físicas. Es algo objetivo, observable, sería algo que podría medirse fácilmente con instrumentos científicos.

La sangre que late en mis venas y en mis sienes, el corazón que milagrosamente sincroniza sus latidos, de repente audibles, casi ruidosos, con el ritmo de mis pies sobre el asfalto, los músculos que primero se calientan a regañadientes y luego, con unas ganas inmensas, cumplen la tarea para la que han sido proyectados; corriendo mi cuerpo desempeña todas las funciones para las cuales milagrosamente existe, y eso es todo.

Ahí está la vida, tangible, mía; de hecho yo soy su imagen perfecta, *soy la vida*, es la fiesta de todas las funciones inscritas en mi código genético.

En cada sesión de running, ya sea larga o corta, mi cuerpo —y con él milagrosamente también mi cabeza; ahí está el «bienestar mental» del que hablan todos los runners— pone toda la carne en el asador para alcanzar su único objetivo: vivir plenamente o, por lo menos, mucho más de lo que se le concede cuando está clavado a una silla. El corazón palpita al máximo, los músculos se contraen al máximo, el sistema vascular bombea al máximo, el cerebro lo coordina todo sin ocuparse de ningún otro pensamiento filosófico, los pulmones sustituyen anhídrido carbónico por oxígeno; el cuerpo en toda mi integridad cumple con el deber que le impone el ADN de todas y cada una de mis células. Esa plenitud en movimiento, parafraseando a Filóstrato al revés, es «el amor a la vida». Ni una sola acción más ni tampoco menos; o sea, todo.

Por ese motivo, por esa integridad biológica y emotiva es por lo que cuando corremos nos sentimos vivos por una vez, por una vez completos. Y algunas veces casi inmortales.

De hecho, para mí correr es el mejor antídoto contra el miedo a morir. Es el testimonio concreto, el papel timbrado que demuestra que hoy también, y al menos hasta mañana, tengo salud, estoy viva.

Creo que ese impulso de vida que todo corredor siente al correr tiene mucho que ver con su contrario: el miedo a envejecer; o sea, el miedo a morir un día.

No es una casualidad; dedicarnos a correr es el primer síntoma, la primera señal de que, en el repertorio de las estaciones de la vida, estamos ya del lado de los viejos.

Casi todos los runners podrán admitir sin dificultad que han empezado a correr en serio, o, lo que es lo mismo, con constancia, con disciplina, con la indumentaria deportiva *ad hoc*, con planes de entrenamiento y objetivos concretos, solo después de haber cruzado el umbral de los treinta años.

Murakami así lo reconoce sobradamente bien en su magnífico libro *De qué hablo cuando hablo de correr*, en el que dice que se dedicó al running a los treinta y tres años, «la edad a la que murió Jesucristo. Más o menos a esa edad había comenzado el declive de Scott Fitzgerald». Y aunque también para mí el bautismo del running ha tenido lugar en medio del camino de la vida —con la agravante de que yo también, como Dante, estaba perdida en una selva oscura, solo que la mía era mucho más terrenal—, hasta hace poco no sabía que sobre el maratón pesa el cliché de que es una competición «para viejos».

Bien es verdad que los maratonistas profesionales tienen con frecuencia treinta años o más, edad inconcebible para muchos otros deportes agonísticos, en los que, una vez superado el umbral de los veinticinco años más o menos, a todos nos consideran viejas glorias. Bien es verdad que, por razones médicas relacionadas con el desarrollo correcto de los sistemas cardiovascular y motor —y vuelve a aparecer aquí la expresión plena del cuerpo que veíamos hace poco—, las competiciones oficiales de carreras de fondo están prohibidas a los menores de dieciocho años, edad en la que en otros ámbitos deportivos la sentencia acerca de la presencia o la ausencia de talento ha sido pronunciada ya de forma definitiva. Y también es verdad que, cuando escribo este libro, el récord mundial de maratón lo ostenta el legendario keniano Eliud Kipchoge, quinta de 1984, capaz de cortar la cinta de la meta, en Berlín en 2018, en 2:01:39 y de bajar del umbral de las dos horas en una competición no oficial en Viena en 2019, un resultado considerado durante mucho tiempo humanamente imposible para cualquiera, conque figurémonos para una servidora, pues a pesar de ser más joven que él no aspiro más que a volver a casa de una pieza después de hacer los cuarenta y dos kilómetros, aunque no sea ya en cuestión de horas, sino tal vez incluso de semanas. Más sencillamente, basta mirar a nuestro alrededor por las calles, las aceras y los parques de nuestras ciudades o a la salida de todas las carreras no competitivas, urbanas o no urbanas, que durante los últimos años han invadido el calendario local ocupando el sitio central reservado antaño a la fiesta del santo patrono; si bien los veinteañeros son rarísimos, casi todos los runners tienen más de treinta años, y en muchos casos bastantes más.

En efecto, si propusiéramos a un niño o a un adolescente que saliera sencillamente «a correr», declinaría la invitación sin entender nada. No por un rechazo *a priori* de la carrera, sino porque cuando se es joven o muy joven la carrera es un complemento de la diversión, no la diversión *tout court*.

Los niños ya corren solos sin necesidad de sesiones de entrenamiento, jugando, imaginando, practicando otros deportes; correr y no estar quietos es el estado natural de su existencia, porque poseen una «capacidad juvenil de movimientos», como escribe en un determinado momento Filóstrato en su tratado.

Por lo demás, cualquier niño parece proyectado por naturaleza hacia delante, como para huir física y metafóricamente del apretón de la mano de sus padres; durante la infancia, la acción de andar es vivida como una obligación, se obedece al instinto de correr, de hacerse mayor, y todos los adultos a su alrededor repiten: «¡No corras, no tengas prisa por crecer!», con la ilusión de poder proteger siempre de cualquier peligro a nuestros hijos.

Ningún niño propondría nunca a un compañero que diera tres vueltas al campo simplemente «para mantenerse en forma» o «para desentumecer un poco las piernas»; ese campo lo ocupa ya corriendo detrás de una pelota, levantando estructuras, haciendo volar una cometa; la carrera es, además, la base de muchos otros juegos inolvidables de la infancia, desde el escondite hasta el pañuelo o policías y ladrones.

Luego, cuando inexorablemente se apaga esa «capacidad de movimientos» típica de la infancia y ocupan su lugar nuevas actividades, por suerte o a pesar nuestro —el colegio, los amigos, el trabajo—, el viento prodigioso y totalmente clasista de los veinte años pone remedio a la insólita condición de inmovilidad física. De manera más que justificada, a los veinte años el cuerpo no reclama nada más que vivir; el «amor a la vida» incendia las venas como una lava constante, noche y día, sin necesidad de ser estimulado ni perseguido con largas sesiones de carreras. El cuerpo, salvo crueles y desgraciadas excepciones, no necesita mantenimiento ni cuidados; podemos abandonarlo sin sentir pena alguna en una fiesta por la noche y encontrarlo perfectamente en forma a la mañana siguiente. La cabeza, esa sí, es indomable en su determinación de morder la vida para degustar su zumo; el cerebro tiene hambre y sed de vivir. Los deportes se practican por el placer de estar en compañía o para vivir nuevas experiencias, no desde luego para sufrir; la resistencia que la práctica de correr pone a prueba reviste escaso interés, por no decir ninguno, porque no hay nada a lo que oponer resistencia cuando estamos demasiado ocupados en aprender a existir.

Y, por consiguiente, solo después, cuando ese viento que se creía eterno empieza a volverse más flojo hasta apagarse para siempre sin previo aviso, es cuando un buen día nos despertamos y de repente descubrimos que estamos interesados en correr, actividad que hasta el día anterior ni siquiera habíamos tenido en consideración, y de la que incluso tal vez nos habíamos burlado al ver cómo toda esa humanidad variopinta y ya un poco entrada en años salía disparada, empeñada en deslomarse en largas sesiones de running.

No creo que sea solo un factor estético —las ganas de perder algún que otro kilo acumulado en la barriga a fuerza de cervezas o de esculpir un par de pantorrillas de hierro— lo que mueve a empezar la peregrinación, impensable hasta ese momento, hacia la tienda de material de running y a inscribirnos en un blog sobre carreras. A la larga, la motivación estética se revela demasiado débil para mantener el empeño y la tenacidad que exige correr; y si los primeros resultados físicos llegan por sí solos después de unos cuantos entrenamientos, la fuerza de voluntad, en cambio, no.

Pienso más bien que es algo relacionado con ese viento del que hablaba un poco más arriba, y con la constatación —al principio tan vaga e imprecisa que ni siquiera tenemos el valor de pronunciarla verbalmente, y luego tan evidente que negarla resultaría incluso ridículo— de que el privilegio de la juventud ya ha terminado. Para siempre.

También los demás, a nuestro alrededor, empiezan a estar más pesados, más flojos, a llenarse de arrugas; alguno incluso a desaparecer. De repente y sin piedad alguna, empieza a dejarse oír la frase «ya no tienes veinte años»; es la carga que comporta la vejez; la muerte ya no es una perspectiva lejana, sino parte del orden natural de las cosas.

«Cuán hermosa es la juventud, que se escapa continuamente», escribía en el Renacimiento Lorenzo el Magnífico, antes de invitar a sacar provecho de todos sus momentos. Una vez más, fugas y marchas continuas. Y sobre todo carreras.

Si la juventud es la condición menos democrática que existe, un día, de repente, nos encontramos todos desahuciados. Echados fuera, en plena calle, en la acera de esa edad cansina, de manutención y de compromiso, que es la edad adulta.

Entonces, en esa acera, en vez de desesperarnos, más nos vale ponernos las zapatillas de deporte. Y a continuación arreglárnoslas como sea. Así es como hemos empezado a correr más o menos todos los runners.

Junto con la motivación vienen —o deberían venir, al menos en un marco ideal— los motivadores.

En el *Gimnástico*, Filóstrato habla de entrenadores («gimnastas» o «maestros de gimnástica») dispuestos a dar la vida para demostrar que la confianza en sus atletas es sólida y que era justo depositarla en ellos, de amantes que en la meta aguardan temblando de entusiasmo al campeón y de madres con el corazón henchido de orgullo. Y así debería ser siempre; si salvarse uno solo es imposible, creer uno solo en sí mismo es dificilísimo.

En mi caso, sin embargo, esa «pizca de confianza» por parte de los demás que Filóstrato recomienda conceder a quien se dispone a realizar una prueba deportiva, ha faltado. Nunca la he visto por ninguna parte.

Será por mi carácter orgulloso, o quizá simplemente frágil, que, debido a un miedo disparatado a fracasar, me lleva a no compartir los proyectos por los que siento más apego si antes no los he concluido de manera plenamente satisfactoria. O será porque el deporte en general, y el running todavía más, han sido siempre temas ajenos del todo a mis conversaciones y a mis intereses, de modo que a nadie de los que me rodean se le habría pasado por la cabeza preguntar por mis progresos pedestres ni llevarme una cantimplora de agua fresca al término de una carrera.

Recuerdo, no obstante, incluso demasiado bien, los comentarios más habituales cuando, tímidamente e incluso con un poco de vergüenza, encontré el valor necesario para compartir con alguien mi fulguración recién nacida por el running, observaciones que por comodidad puedo ahora resumir en una sola palabra, «imposible».

Evidentemente nadie habría dado la vida como garantía de mi tenacidad atlética, como en el caso de Átalo el Egipcio; al instante se habría visto ya muerto y enterrado.

No sé si habrá sido por falta de confianza en mis músculos, mucho más acostumbrados a marchitarse bajo un escritorio o ante la mesa de un bistró, o en las aptitudes de mi mente, más capacitada para sostener una discusión filosófica o para localizar un aoristo pasivo en un texto griego que para concentrarse en diez kilómetros de senderos sin asfaltar. No obstante, los pocos amigos que están al tanto de mi objetivo, correr con constancia y disciplina, han encontrado raro, inaudito, quizá estrambótico, y desde luego sin esperanza alguna, mi repentino encaprichamiento deportivo.

Y han hecho bien. No ya en no creer en él, pues ni yo misma me lo habría creído; si hace cuatro años alguien me hubiera dicho que no solo iba a encontrarme un día preparando un maratón, sino que incluso iba a escribir un libro sobre este asunto, me habría echado a reír. Y asimismo han hecho bien motivándome de la mejor manera, enseñándome que esa «pizca de confianza» griega debía aprender a concedérmela yo solita. Si ahora corro con perseverancia, buena parte de mí lo hace también para desmentir a quien no se lo habría creído nunca, empezando por mí misma.

Una de las cosas más extraordinarias que me ha enseñado correr es que, dispongamos o no de la confianza de los demás, la motivación necesariamente tenemos que ir a buscarla y encontrarla solos. Nadie puede hacerlo por nosotros; no son los hinchas en las gradas los que juegan el partido, sino únicamente los jugadores en el campo. No corremos nunca por otro, ni para desengañarlo ni para hacer que se sienta orgulloso. La soledad del asfalto es tal que el fuego o el agua en el desierto deben irremediablemente venir de nuestro interior; de lo contrario, todo esfuerzo es vano y la fatiga, insoportable.

De hecho, ese juicio exterior, el marchamo de «imposible», se ha convertido en la medida y el motor de todos mis entrenamientos. Porque no eran solo los amigos a mi alrededor los que encontraban que era poco plausible y a todas luces inverosímil que esta historia del running pudiera llegar a buen puerto; era sobre todo yo. Era yo la que, en vez de motivarme como un héroe griego, me desmotivaba como una bárbara. Era yo la que me repetía que no iba a conseguirlo, que estaba ridícula con esas zapatillas fosforescentes y esos auriculares en los oídos que bombeaban incesantemente reguetón (de hecho, todo eso era ridículo y, mucho me temo, sigue siéndolo), y que era una pérdida absurda de tiempo, de energías y también de dignidad.

Así fue durante mucho tiempo en un primer momento; no me fiaba de mis piernas, de mi corazón, de mis pulmones. Y tampoco me fiaba de mí. Luego, kilómetro a kilómetro, meta tras meta (recuerdo todavía con emoción infantil los primeros treinta minutos que corrí seguidos), toda la mugre de la desconfianza hacia mí misma que llevaba encima desde siempre se me fue. He aprendido a creer, he aprendido, con mucho esfuerzo, sudor, constancia y determinación, a fiarme de mi capacidad de transformar todo lo «imposible» en «posible», al menos en el running. Y esa confianza inaudita en mis capacidades se ha convertido en una parte fundamental de la motivación que todos los días, en los últimos años, me empuja a correr.

Creo que eso es lo que Filóstrato habría debido añadir al catálogo de motivaciones que empujan a un atleta a entrenarse: si no hay más alternativas, esa «pizca de confianza» tenemos que aprender a concedérnosla solos. Y, a falta de alguien a nuestro alrededor dispuesto a dar la vida por nosotros, exprimir a fondo la nuestra.

La primavera está volviéndose verano perezosamente, los días se alargan en la ebriedad de un París libre por fin del confinamiento, todas las veladas son una promesa de aperitivos que se convertirán en cenas que se convertirán en copas después de cenar, y yo he decidido salir a correr «a primera hora», como diría Marcel Proust.

Debido a la latitud no puedo decir propiamente que me despierto al amanecer; el sol aquí, en el norte, sale muy temprano. Pero reconózcaseme el sacrificio matutino de meterme una decena de kilómetros entre pecho y espalda a la hora en la que los camareros vestidos con camisa blanca todavía están colocando en las terrazas las mesas atestadas de vasos vacíos de la noche anterior. Por mucho que me preocupen mis ojeras, no puedo decir que esta rutina esté tan mal; a orillas del Sena me encanta sentir cómo se despierta mi cuerpo al mismo tiempo que la ciudad que atravieso corriendo, adoro la lentitud con la que mis músculos, entumecidos todavía por el sueño, van calentándose para poder decir buenos días a la carrera, a los transeúntes, a los árboles, al cielo, al mundo.

De mi resistencia estoy bastante satisfecha, a pesar, por supuesto, de todos los límites evidentes que impone mi ineptitud. En mi velocidad, en cambio, todavía hay que *trabajar, y mucho. Digamos incluso que tengo las piernas destrozadas y que por las noches, cuando no me he quedado ya frita en el sofá, tengo incluso calambres.*

Una vez a la semana me sacrifico en el altar de los «intervalos», o de la técnica de entrenamiento llamada fartlek; *esta palabra sueca, que significa literalmente «juego de velocidad», indica una serie de esprints a ritmos e intensidades distintos, utilizada normalmente para trabajar la velocidad. Aunque han sido los corredores del norte de Europa los primeros que han perfeccionado esta técnica que permite optimizar y mejorar los tiempos utilizando el recorrido del que suele disponerse, está ya más que acreditado que el entrenamiento dividido en intervalos es la mejor, si no la única, oportunidad que hay de aprender a correr más rápido.*

Trabajando duro con este objetivo, el otro día descubrí un ejercicio que no solo me ha encantado, a pesar del esfuerzo que conlleva, sino que he decidido categóricamente exportarlo desde las aceras por las que corro hasta mi vida cotidiana incluso después de haberme quitado las zapatillas de deporte.

Este entrenamiento, propuesto por una de las múltiples aplicaciones gratuitas de carreras con las que, a modo de espantapájaros, ahuyento el peligro del aburrimiento, tenía la finalidad de enseñarnos a valorar el resultado de una carrera sin ser esclavos ni prisioneros del tiempo final registrado por el cronómetro. Por lo demás, minutos y segundos son solo cifras que dicen poco —casi nada— del éxito de una sesión de running; no cuentan si ha sido muy intensa o poco más que un paseo, si ha sido la mejor o la peor de nuestra vida, si lo hemos dado todo o solo lo estrictamente necesario. En el running, por otro lado, los nú-

meros pierden la universalidad propia de las matemáticas porque son siempre relativos respecto a las prestaciones de cada atleta en particular; correr un maratón en tres horas y media sería para mí como poco milagroso y para Eliud Kipchoge, un fracaso vergonzoso.

Pues bien, el ejercicio preveía correr intervalos de distinta intensidad, en una escala del uno al diez totalmente personal; a nosotros nos corresponde el papel de árbitros de su ejecución. De modo que si el uno corresponde al menor esfuerzo posible que estamos dispuestos a concederle a la carrera, el diez, en cambio, es el máximo, equivale a entregarnos a fondo, sin reservas, el esfuerzo supremo al término del cual no nos queda en el bolsillo ni un solo gramo de energía.

Al final de esta carrera fraccionada, para mayor sorpresa mía, me he dado cuenta de dos cosas: que correr por debajo de las capacidades propias no es ni mucho menos relajante —antes bien, es dificilísimo y frustrante, como vivir los días por debajo de nuestro potencial— y que, cuando estamos convencidos de que estamos dando el máximo o incluso más, queda siempre un margen para apretar más a fondo y más allá; cuando ya no podemos más, todavía se puede un poquito.

Corriendo he aprendido que debo ser mucho más paciente con mis músculos durante la fase inicial de calentamiento, que, en una escala de intensidad solo puede corresponder a un cuatro o un cinco, y que no debo escuchar el pánico nervioso en mi cabeza, que me dice que mi ritmo es demasiado lento y que, por consiguiente, esa carrera será un desastre; quiero aprender a dejarme llevar y correr de forma natural, en vez de obligarme a hacerlo con brutalidad. Luego he tenido la confirmación de que mi ritmo de base es bastante sólido, de que no vale la pena fustigarme sometiéndome a una presión inútil; puedo incluso disfrutar de la carrera, del paisaje, del Sena (y de mis adorados pódcast sobre Napoleón, mi obsesión de este año). Por último, y es triste, me he dado cuenta de que lo que mi cabeza califica de esfuerzo titánico, el máximo de mis fuerzas, el diez de la citada escala, para mis piernas no va más allá del ocho; tengo que fiarme, pues, de mis tobillos y de mis gemelos y no tenerles miedo, dejarlos a su aire, en vez de frenarlos, permitir que den todo de sí mismos, y no temer que vaya a caerme al suelo de un momento a otro.

En los días posteriores a este entrenamiento de finales de la primavera, he intentado hacer el mismo ejercicio en mis actividades diarias, aplicándoles ya desde primera hora de la mañana una intensidad del uno al diez, desde el esfuerzo mínimo hasta la escrupulosidad absoluta basada en un juicio totalmente personal —y, a fin de cuentas, basada en mi disponibilidad, porque la que está en deuda con mis energías físicas y emotivas y la que las martiriza soy solo yo—, sin atender a la presión a la que me sometía la agenda en la que tenía anotadas las tareas que tenía que hacer y los apremios de quienes están a mi alrededor.

En cierto modo, tengo la impresión de que el ejercicio ha funcionado, al menos eso creo; aunque la carga de trabajo y de compromiso que exige mi cotidianeidad no ha cambiado, el nivel de estrés sí que lo ha hecho, y mucho, y precisamente a la baja. Así, en los días más intensos desde el punto de vista personal o profesional me he empeñado a fondo en rendir más, no ya dedicando más tiempo, sino dando más de mí misma; por la noche, independientemen-

te de cómo hubiera ido el día, he podido decir que estaba satisfecha, orgullosa y agradecida. En los días más tranquilos, más ligeros, en cambio, he tenido que esforzarme en no exagerar, en rendir menos, en preocuparme menos, ganando calma y presencia.

Al final, correr me ha enseñado incluso esto: que la intensidad, sea mucha o poca, no sirve de mucho si no se entrena el talento de la medida. Que, tanto en la carrera como en la vida, dar demasiado es tan peligroso como dar demasiado poco. Que cualquier exceso es dañino, desde luego, pero también lo es sobrevivir o malvivir; y que de poco sirve guardarse lo que se tiene. En último término, al margen de cómo vayan las cosas, los jueces finales de una carrera, de un proyecto o de una relación somos solo nosotros; solo nosotros sabemos si podíamos hacer más o si debíamos dar menos.

Así pues, correr se ha convertido para mí en una toma de conciencia y en una sagrada obligación de honestidad.

3

UNA GUERRA DE RESISTENCIA

Estoy preparando un maratón y no sé qué hacer con todo este arte de correr para el que estoy entrenándome meticulosamente.

Aprendo a aguantar, desde luego, a permanecer concentrada y a hacer que se muevan mis piernas durante largas distancias con vistas a una foto de recuerdo en el estadio Panatenaico y a una medalla de hojalata con mi nombre grabado. ¿Pero todo eso *para qué*?

Solo un minuto después de haber llegado a la meta del maratón de Atenas —si lo consigo— ya no haré nada de todo este ejercicio de correr y resistir.

Y no porque tenga previsto abandonar para siempre la carrera una vez llevado a cabo el objetivo de este libro; eso no sería verdad. El motivo es que para mí correr no tiene por finalidad, como en el estado natural, el desplazamiento físico, geográfico, de un sitio a otro; nada ni nadie me ha obligado nunca a correr para trasladarme a un determinado lugar ni para escapar de él. Si corro no es para ir a algún sitio; la mayor parte de mis entrenamientos los realizo incluso en un recorrido circular, por lo que el punto de llegada es idéntico al de partida. Y si tengo que desplazarme conozco infinidad de medios de transporte alternativos al lento motor de mis gemelos, incluido el monopatín; al fin y al cabo estoy en la década de 2020.

Soy una más, por tanto, como la inmensa mayoría de los runners occidentales, de las personas que corren por el mero gusto de correr; no me interesa la finalidad natural de la carrera, esto es, desplazarse con rapidez de un sitio a otro como en el famoso dicho «¡No corras!», y tampoco tengo la intención de sacar provecho de ello, no tengo ninguna necesidad, un poco como aquel que disfruta cocinando, pero no tiene hambre suficiente para probar el resultado de sus recetas, o como quien aprende una lengua por la musicalidad de sus palabras sin tener nunca ocasión de hablarla con alguien. Es por esa misma absurdidad, y a falta de evidentes necesidades aparentes —dato que haría estremecerse a cualquier hombre o mujer no ya de la antigua Grecia, sino incluso de hace tres o cuatro generaciones—, por lo que tengo la intención de cubrir 41,8 kilómetros con la fuerza de mis piernas, solo por el placer y por el dolor de hacerlo.

No siempre es así, o al menos no en todas partes; en otros sitios todavía en la actualidad se corre por necesidad, y si no es preciso se está uno quieto, en reposo. Es el caso, por ejemplo de los tarahumaras, el legendario pueblo de los corredores de Sierra Madre, en México, capaces de cubrir hasta ochenta millas al día, y por ello venerados y estudiados por todos los ultramaratonistas del mundo. No obstante, los tarahumaras corren solo porque lo necesitan; en términos más generales, lo hacen para sobrevivir. Corren para alcanzar una meta, para cazar, para llevar mensajes hasta lugares inalcanzables con cualquier otro medio de transporte que no sean las piernas. Pero, si no es preciso, se quedan tranquilamente venerando a sus dioses; no se les pasaría nunca por la cabeza organizar rutas imposibles solo para demostrar su resistencia titánica y su corazón de acero, capaz de desafiar las temperaturas asfixiantes de la sierra.

Dicho con mayor franqueza todavía: por nobles, míticas y gloriosas que sean las motivaciones que puedan subyacer a esa acción, estoy dispuesta a correr un maratón *para nada*.

Si puedo permitírmelo es porque, evidentemente, pertenezco a una bienaventurada generación de una reducida porción del mundo que puede concederse el lujo de desperdiciar un elevadísimo número de calorías y un número igualmente elevado de horas necesarias para los entrenamientos, además del dinero relacionado con el viaje al lugar de la competición, con la inscripción en la prueba y con la equipación deportiva; y todo ello por el mero gusto de hacerlo.

Es un placer que surge de la evidente falta de necesidad; ni siquiera estoy segura de que, en caso de una catastrófica urgencia, mis piernas respondieran a la orden de correr, como lo hacen dócilmente por las mañanas en medio de la brisa de las elegantes márgenes del Sena; y tampoco mi velocidad y mi coordinación serían superiores a las de cualquier otro ser humano que fuera presa del pánico.

Hay además un agravante de esta paradoja, de por sí desconcertante: corro alegremente solo por hacerlo, y corro alegremente solo para perder. De que ese será el resultado el día del maratón —la derrota— estoy totalmente segura, como también lo están la casi totalidad de los runners que se inscriben en la prueba, felices de ser derrotados en una competición oficial.

Ganar, perder.

Las inmutables reglas del juego, ya se trate de la vida o del deporte.

Alguien levanta la copa al cielo y junto a él otro fija la mirada en el polvo a sus pies, con las manos vacías y los ojos arrasados en lágrimas. Desde la guerra de Troya hasta el último torneo de provincias, la despiadada alternancia de victoria y derrota es la única gramática que rige en cualquier competición: el que permanece en la gloria y el que, por el contrario, se va y es susceptible de ser olvidado; el que consuma la empresa y el que no, quedándose un paso o una milla por detrás.

Absurdamente, en la carrera nada de eso vale. El running, o por lo menos el no profesional —el que practicamos más o menos todos aquellos que seguiremos siendo diletantes de por vida y, por lo tanto, seremos los únicos magullados patrocinadores de nuestras energías—, representa la excepción evidente a la eterna antítesis victoria/derrota.

El que se inscribe en un maratón no lo hace para ganar, y por lo tanto, en cierto modo, no pierde nunca. Como decía Emil Zátopek, «si deseas obtener una victoria, corre los cien metros lisos. Si quieres disfrutar de una verdadera experiencia, corre un maratón».

Si prescindimos de los corredores profesionales, o sea, los que pertenecen a un club, a una federación, a un equipo, casi la totalidad de los maratonistas modernos que se inscriben en las carreras organizadas hoy día en cualquier rincón del mundo (solo en Francia se celebran siete mil al año) no ambicionan en absoluto ni el primer puesto ni, muy probablemente, calificarse entre los primeros cien o incluso más. Del mismo modo, un resultado que se consideraría inaudito y escandaloso en cualquier otro deporte —llegar el quingentésimo u ocupar un puesto aún peor— es vivido como un triunfo, que hay que celebrar como una medalla, como un diploma con sus correspondientes fotografías. Una distancia sideral entre el ganador y la hueste de derrotados, considerada vergonzosa y digna de ser olvidada en otros campos, en el running no solo es apreciada y estimada, sino incluso bendecida. Un poco como en *Alicia en el país de las maravillas*, cuando el dodo organiza una carrera enloquecida en la que cada uno de sus disparatados participantes llega a la meta como y cuando le da la gana, de modo que no gana nadie, pero al mismo tiempo ganan todos.

Además, la carrera es el único deporte del mundo en el que, en una misma competición, se encuentran alineados en el punto de partida campeones olímpicos y poseedores de récords del mundo junto a aficionados de todo tipo de edades, procedencias, nivel físico y estado de preparación. Es más que probable que en el maratón de Londres o de Nueva York se crucen una misma mañana y sobre el mismo asfalto el número uno y el número mil y pico; para que quede más clara esta anomalía, sería un poco como si en la final del Mundial de fútbol el siete veces balón de oro Lionel Messi se encontrara en el terreno de juego al lado de una inútil como yo.

Sin embargo, siguiendo el rigor de la lógica, a todos los que en un maratón, como en cualquier otro deporte, no se alzasen con el primer puesto habría que considerarlos perdedores; vencidos, doblados, adelantados. Y por mucho que nos jactemos de épicas victorias interiores, de personalísimas luchas contra monstruos que bailan dentro de nuestra cabeza o de memorables *personal best* (así se llama en la jerga deportiva el mejor tiempo de un atleta, evidentemente sin ninguna pretensión de compararlo con los tiempos de cualquier otro), en el certificado de rigor aparece escrito con toda claridad el resultado; si no hemos llegado el primero, significa inexorablemente que el puesto que nos corresponde se encuentra entre los perdedores. Pero reto a cualquiera a encontrar un corredor que después de hacer 42,195 kilómetros se haya sentido un fracasado, por más que haya tardado incluso veinticuatro horas en llegar al final de la carrera; por el contrario, la casi totalidad de los maratonistas se sienten un héroe griego próximo a la gloria inmortal, incluido el que se clasifica el último, y tiene todo el derecho de sentirse así y de estar orgulloso de ello.

En resumen, el running es un deporte en el que ganan poquísimos y pierden muchísimos, convencidos, eso sí, de haber ganado a su manera.

Me di cuenta de esta paradoja vinculada a los resultados de la carrera respecto a las reglas de cualquier otro deporte el día en que, riéndome casi de la extravagancia de mi consideración, me percaté de que, en *mi* maratón de Atenas, tendrá que haber también un atleta que se clasifique el primero con un tiempo que, en la mejor de las hipótesis, será una tercera parte del mío; y de todo eso no me importa absolutamente nada.

Había olvidado incluso que en el mundo, para los pocos corredores de profesión besados en la cuna por el santo protector del running, existe la increíble posibilidad de *ganar* un maratón, en el sentido literal de llegar los primeros, solos, a la meta, y no solo la de alegrarse de haber alcanzado milagrosamente esa meta, armados de una resistencia colosal entrenada hasta el extremo.

Es esta subversión del orden natural que desde siempre divide al mundo entre vencedores y vencidos la que primero me ha desconcertado y luego me ha atraído. Y es que si en la carrera de aficionados que practicamos todos no hay victoria ni derrota tiene que haber otra cosa.

Por fin lo he comprendido. En otro sitio, fuera de las pistas de carreras, el único que puede permitirse el lujo de que le tengan sin cuidado tanto la victoria como la derrota y de que no le interesen lo más mínimo es habitualmente un rey; o un dios. O bien un niño, que lo único que concibe del juego es su dimensión lúdica sin la tensión competitiva.

En efecto, el hecho de que corramos por el gusto de correr y no para ganar —o para ganar un trofeo completamente íntimo, intangible, indemostrable— es un lujo. No atender ni los laureles de la victoria ni la vergüenza de la derrota y fijarnos unos resultados personales, umbrales de éxito o de fracaso internos y desvinculados de las reglas concretas del juego —llegar los primeros o llegar los últimos—, denota que al acto de correr hace tiempo que se le ha eximido de la necesidad de ganar o de perder.

Ese vacío ha sido sustituido por un privilegio: se corre, incluso mucho, pero por diversión, por capricho, por motivos completamente personales. Y siempre por el mismo gusto por lo superfluo se festeja, sea cual sea el resultado.

En nuestra carrera falta, pues, una urgencia, la de ganar y no perder. Los antiguos dirían que nos falta la guerra.

> Esto es lo que hay a propósito de los temperamentos que se aplican a la gimnástica moderna, porque la antigua no tenía en cuenta el temperamento, sino que solo ejercitaba la fuerza física. Los antiguos designaban con el nombre de gimnástica el hecho de ejercitarse físicamente de cualquier manera: unos se entrenaban transportando cargas nada fáciles de llevar, otros ponían a prueba su velocidad compitiendo con caballos y liebres, otros enderezando y doblando trozos de hierro macizo, otros poniendo el yugo o atando a los carros varios bueyes vigorosos, y otros domando toros o incluso leones.
>
> [...] De hecho, [esos atletas antiguos] se bañaban en ríos y fuentes y se ejercitaban tendidos en el suelo unos, tumbándose sobre pieles de animales, y otros hacían su lecho amontonando hierba de los prados. Se nutrían a base de tortas de trigo candeal y pan ácimo de cebada sin mondar [la *máza*, una forma primitiva de pan hecho de harina de cebada, que en Roma se con-

vertirá en polenta], comían carne de buey, de toro, de chivo y de cabrito, y se untaban el cuerpo con aceite de oliva, doméstico o silvestre; gracias a todo ello crecían sanos y tardaban en envejecer.

Algunos llegaron a competir hasta en ocho Olimpiadas o nueve. Eran excelentes soldados, lucharon por defender las fortalezas de su patria; aunque no cayeran en combate, se hicieron dignos de distinciones y trofeos, porque en realidad se sirvieron de la guerra como práctica para los entrenamientos atléticos e hicieron de estos una hazaña militar.

Hacían de la guerra un ejercicio para el deporte y del deporte un ejercicio para la guerra.

Esta instantánea de Filóstrato acerca de la preparación de los atletas antiguos parece sacada de la página web oficial de un moderno *ultra trail* por cualquier desierto o de un triatlón *ironman* en la Amazonia, y, sin embargo, sorprende por la claridad con la que ratifica la lógica básica que subyace tras cualquier entrenamiento, ya sea moderno o contemporáneo, físico o intelectual: si nos preparamos, es decir, si se llevan a cabo con disciplina y constancia todos los ejercicios que se nos imponen, tiene que ser por un fin último que no sea el ejercicio mismo.

En la Antigüedad —que ya era antigua en época de Filóstrato, el cual se duele de los atletas contemporáneos suyos porque se habían vuelto perezosos, en griego ἀργοί (*argói*), a falta de campañas militares como las de la época gloriosa de Aquiles y Héctor—, el deporte era considerado necesariamente un ejercicio propedéutico para la guerra y viceversa.

Por los mismos motivos, en la escuela las tareas que manda el profesor no se hacen por el mero placer en sí de resolver ecuaciones o traducir hexámetros, sino para aprender a razonar y por lo tanto a estar en el mundo; ese es el objetivo a largo plazo (o aprobar el examen si el objetivo es a corto, a cortísimo plazo). Una vez que hemos llegado a la edad adulta, casi nadie que esté en su sano juicio y tenga libertad para escoger trabajaría por el simple gusto de trabajar sin ser recompensado económicamente por ello y poder así llevar la vida que desea gracias a sus merecidos ingresos. Y si en el deporte nadie pasara semanas enteras dándole a la pelota en el campo sin tener ganas de jugar un partido de fútbol o de voleibol, sorprende todavía más la falta de una finalidad concreta, explícita, en toda esta labor nuestra de ejercitarnos solo para correr rechazando o ignorando por completo los frutos de nuestros ejercicios.

Cincuenta y cuatro puntuales y despiadadas sesiones de entrenamiento (o muchas más, en función de cuánto esté yo dispuesta a darle a la carrera y a restar a todo lo demás que, en aras de la brevedad, llamo «vida») me separan del maratón de Atenas, en un total de dieciocho semanas, casi cuatro meses y medio. Solo entonces, después de correr casi un total de quinientos kilómetros entre parques y aceras de París, bajo el sol o bajo la lluvia, podré por fin decir que estoy lista. Pero ¿lista para qué? Lista para seguir corriendo.

Si vis pacem, para bellum («Si quieres la paz, prepara la guerra»), reza una máxima romana atribuida al escritor Vegecio, según un concepto expresado ya, entre otros, por Cicerón. «Prepararse», del latín *prae*, «antes», «previamente», y *parare*, «aprestarse», «estar listo».

Entonces ¿para qué estamos listos los runners modernos, tan entregados a la carrera y tan esclavos de nuestras sesiones de entrenamiento?

En las palabras que acabamos de citar, Filóstrato lo dice con absoluta claridad: los antiguos, los primeros que separaron la práctica deportiva del juego espontáneo del cuerpo en movimiento, mucho antes ya de fundar las Olimpiadas en el remoto 776 a. C., consideraban el deporte un ejercicio propedéutico para el arte de la guerra; si se entrenaba uno con constancia y entrega era con el objetivo de estar listo para combatir un día al enemigo. Mejor dicho, la batalla era connatural al deporte, nacido de la guerra misma. Pero el valor de los atletas era superior al de los soldados; la batalla enseña solo el coraje, mientras que el deporte enseña también el valor y, sobre todo, la moderación.

Según el mito, habría sido precisamente Jasón, el capitán de la expedición de los Argonautas, quien habría fundado la primera competición de pentatlón, la especialidad que une pruebas de tipo pesado (lucha y lanzamiento de disco) y pruebas ligeras (lanzamiento de jabalina, carrera y salto), palabra formada por el término ἄθλον (*āthlon*), «prueba», y el prefijo πέντε (*pénte*), «cinco». El primero en ser coronado vencedor habría sido Peleo, el padre de Aquiles, precisamente porque, según dice Filóstrato, era considerado «un guerrero excelente por su bravura, tanto por el valor de que hizo gala en el combate como por el

coraje aguerrido que mostró en las pruebas del pentatlón».

Esta visión del deporte como preparación de la
batalla siguió siendo crucial en la concepción clásica
del deporte y en su codificación en competiciones y
en disciplinas oficiales; en la antigua Grecia la carrera con armadura, típica de la ciudad de Platea, en
Beocia, fue considerada siempre la más noble entre
las competiciones por la longitud del trayecto que
debían recorrer los atletas vestidos con una armadura
completa que llegaba hasta los pies, y no se diferen-
ciaba en absoluto de la de cualquier combate real.

En su *Gimnástico* Filóstrato va incluso más allá y
dice que había oído contar en distintas ciudades que
la especialidad de la carrera hoplítica nació el día en
que un soldado que volvía del campo de batalla, vestido todavía con su armadura, entró en el estadio
olímpico para dar la buena noticia de la victoria contra los medos, hipótesis que nuestro filósofo juzga
más que convincente.

Y no solo eso: para Filóstrato la carrera en general
era una réplica en su totalidad del comienzo de una
guerra. El atleta que se dispone a tomar posición, el
heraldo que anuncia el comienzo de la prueba, la
trompeta que llama a los corredores a colocarse en
la línea de salida como si fueran un ejército, la señal
—en nuestros días un pistoletazo— que literalmente ordena a los atletas que empiecen a correr sin detenerse; el inicio de una carrera de fondo no es más
que el estallido de la guerra.

Si la carrera de velocidad, y más en general el esprint, nace del grito de guerra que da comienzo y pro-

gresa, la de fondo puede ser vista, en cambio, como su final; si no como el preludio del estado de paz, por lo menos como el inicio de una tregua. Como anticipábamos ya al comienzo de este libro, el primer maratón de la historia, aquellos 41,8 kilómetros recorridos hasta perder el aliento desde la ciudad de Maratón hasta Atenas por el infortunado mensajero Filípides, no tuvo lugar para hacer alarde de preparación física ni para superar quién sabe qué límites interiores, sino por un motivo concreto y militar: llevar la noticia de la victoria de los griegos y la capitulación del enemigo persa, o sea, de la ansiada paz reencontrada.

Por el contrario, los runners modernos vivimos en unos tiempos de paz extremadamente afortunados. Confiando en la resistencia de nuestro sistema geopolítico, nadie nos pedirá nunca que corramos armados hasta los pies ni que llevemos mensajes bélicos a través de áridas llanuras con la fuerza de nuestras piernas. Sin embargo, si cada día millones de nosotros llenamos las aceras y los jardines de nuestras ciudades para correr en vez de aprovecharnos de la armonía política y del bienestar social y cultural en los que hemos tenido la ventura de venir al mundo, significa que en nuestro interior no estamos tan en paz.

En las *Leyes* Platón dice que lo que la mayor parte de los hombres llaman «paz» no es más que un nombre, pero en la realidad, en virtud de la ley natural, siempre hay una guerra. Y no cabe duda de que si los antiguos nos vieran cumplir a rajatabla estrictos programas de entrenamiento, sacrificar el sueño y el placer de la mesa, descuidar fiestas y diversiones, esforzarnos hasta la extenuación para correr diez kilómetros o más al día, dirían que estamos preparándonos para la guerra.

Mientras escribo estas líneas, ningún enemigo declarado está invadiendo nuestras fronteras nacionales, o al menos no de momento. Y si el peligro no es concreto, exterior, significa que está dentro, por debajo de los músculos bien entrenados y los ligamentos tensos por el esfuerzo. Para combatir eso es por lo que los runners no hacemos nada más que correr; esa es nuestra guerra.

Una guerra acérrima de resistencia contra el estado difuso de bienestar de nuestra época.

No se corre solo para combatir; si se corre un maratón, es sobre todo para resistir.

Obstinarse en ser, como indica el prefijo que da comienzo a la palabra «resistencia», del latín *re-*, «hacia atrás», «repetición», y *sistere*, «parar», «permanecer quieto», en el sentido de no dejar de reprimir, de hacer recular, el deseo constante de abandonar. Aguantar en pleno esfuerzo, seguir moviendo las piernas sin otro motivo aparente que el de demostrarnos a nosotros mismos y a los demás la determinación de seguir existiendo una y otra vez.

Hay que decir que 41,8 kilómetros son una distancia considerable. Acostumbrada a correr en los tranquilizadores parques de mi ciudad, en los que a menudo ni siquiera me doy cuenta de los metros que recorro dando vueltas a agradables parterres, estatuas y fuentes, me resulta difícil imaginarme atenta a cubrir corriendo de una sola vez y, como espero, sin detenerme la distancia geográfica que separa *grosso modo* Milán de Bérgamo o París de Fontainebleau.

Considerada hoy en día la más noble de las competiciones de atletismo, prueba irrenunciable para todos los runners, obligados a poder decir que la han completado al menos una vez en la vida, en la Antigüedad el maratón no era una prueba deportiva.

Eso sí, resistir era considerado algo obligatorio en tiempos de guerra, pero totalmente superfluo en tiempos de paz; en las Olimpiadas los atletas no tenían la obligación de demostrar su capacidad de existir «más tiempo todavía», sino, si acaso, «existir más a lo grande» respecto a todos aquellos que no eran admitidos a entrar en el estadio en busca de la gloria.

Leyendo el *De arte gymnastica* de Filóstrato me ha sorprendido —por no decir escandalizado— comprobar lo breves que eran las carreras a pie en la Antigüedad. Incluso las carreras que los antiguos llamaban «largas» hoy en día serían consideradas tan cortas que casi nos harían sonreír.

De hecho, la resistencia no solo era una cualidad que no interesaba a nadie y que no era premiada, sino que, a falta de una motivación exterior, de una guerra o de una urgencia, era considerada más bien una especie de locura; el indudable desequilibrio de alguien a quien, sin necesitarlo, se le hubiera ocurrido repetir la legendaria, larguísima carrera del bueno de Filípides.

Entre los tipos de carrera reconocidos en los Juegos Olímpicos, Filóstrato incluye la carrera sencilla o de velocidad; la carrera de larga distancia, llamada en griego δόλιχος (*dólichos*), «dólico»; los ejercicios que el atleta llevaba a cabo pertrechado con todas sus

armas o carrera hoplítica, y la carrera doble, llamada
«diaulo», del griego δίαυλος, palabra compuesta de
δίς (*dís*), «dos veces», y αὐλός (*aulós*), «estadio».

Todas las leyendas que subyacen al origen de cada
una de estas especialidades demuestran que en la antigua Grecia resistir no servía para nada en absoluto.

El origen de la carrera larga es este: unos correos de
Arcadia iban y venían a Grecia [propiamente dicha]
como portavoces de los enemigos [para entregar mensajes de guerra]; se les había recomendado no ir a
caballo, sino servirse solo de sus piernas para hacer
el recorrido. [De ahí la costumbre, para entrenarse, de
recorrer constantemente en un momento dado del día
tantos estadios —unidad de medida correspondiente
a seiscientos pies, tradicionalmente medida por Hércules; el estadio de Olimpia correspondía a 192,27
metros— como prevé actualmente el dólico —en
Olimpia la distancia era de veinticuatro estadios, correspondientes a alrededor de 4,8 kilómetros—, la distancia prevista hoy en día para la carrera larga]. El
hecho de recorrer siempre en breve tiempo y durante
el día una distancia equivalente a la de la carrera larga,
los convirtió en una especie de corredores-correo y
también los ejercitó en la guerra.

La carrera de un estadio [esto es, la carrera senci-
lla], en cambio, nació de la siguiente manera: una vez
estaban los eleos sacrificando a sus dioses; las víctimas
ya estaban dispuestas sobre el altar, pero todavía no
habían encendido el fuego. Entonces los corredores se
alejaron un estadio del altar y un sacerdote se quedó de
pie junto a él, haciendo de él con una pequeña antor-

cha. El que llegó primero y encendió el fuego para las víctimas fue aclamado como vencedor olímpico.

Cuando los eleos terminaron sus sacrificios, propusieron a los helenos que habían acudido como espectadores la celebración de sacrificios conjuntos. Con el fin de que la llegada de sus corredores no fuera deslucida, estos empezaron la carrera alejándose del altar un estadio como si animaran a participar a todos los griegos y regresaron al mismo lugar como anunciando que toda Grecia [en griego τὸ Ελλενικόν (*tò Hellenikón*), o sea, «la helenidad»] se había unido a la fiesta. Este es, en efecto, el origen de la carrera doble, según la tradición.

Filóstrato añade a continuación que hasta la XIII Olimpiada —es increíble el lugar primordial que ocupaba el deporte en la antigua Grecia, hasta el punto de marcar los años, que se calculaban a partir de los Juegos Olímpicos, celebrados cada cuatro años a partir de su fundación en 776 a. C.; en este caso estaríamos hablando, pues, de 724 a. C., cincuenta y dos años después de la primera Olimpiada— la única competición oficial era la carrera simple correspondiente a un estadio, que ningún corredor ganó nunca dos veces. Luego se añadió la carrera doble y solo más tarde la carrera larga, cuyo primer vencedor fue un tal Acanto de Esparta.

Así pues, la longitud de la carrera deportiva más larga del mundo antiguo no llegaba ni siquiera a los cinco kilómetros.

Nunca me habría imaginado que mis carreritas de recuperación, banales y breves, con el fin de superar la fatiga de los músculos dando pequeños trotes durante un rato y escuchando pódcast, hubieran hecho de mí una atleta olímpica en la antigua Grecia. No sé si enorgullecerme de ello, incluir directamente el dólico en mi palmarés, todavía vacío, o seguir perpleja ante los 41,8 kilómetros del maratón que me aguarda, un recorrido de tenacidad y de resistencia equivalente a casi nueve veces la carrera que en la Antigüedad era considerada «larga».

Y no acaba aquí la cosa: el maratón, una distancia todavía insuperable para mí y sinónimo de un esfuerzo extremo, es considerado por muchísimos runners poco más que un paseo, un banal rito de paso nada más que para desentumecer las piernas con vistas a participar en competiciones mucho más titánicas, como el ultramaratón, el *ironman* o el *ultra trail* en ese estado de ebriedad contemporáneo que parece obligar a los seres humanos a llevar sus límites siempre más allá y siempre más lejos.

Sobre el tema que, en aras de la brevedad o por ignorancia, podría resumir como «todo lo que increíblemente supera el esfuerzo de un maratón», o como «todo tipo de carrera con la palabra "ultra" delante», he leído historias que, como poco, cabría calificar de espeluznantes.

Será sin duda por mi falta de experiencia y de entrenamiento, pero me cuesta trabajo encontrar no digo ya atractivas, sino como mínimo aceptables, en el ámbito de lo que habitualmente consideramos humano, competiciones que consisten en correr centenares de kilómetros a través de estepas y desiertos, escapar de animales feroces, conseguir comida utilizando solo las propias manos y beber de los arroyuelos, o desafiar el hielo polar corriendo en medio de la nieve.

El triatlón hasta cierto punto lo comprendo, aunque no sea para mí: 3,86 kilómetros a nado (2,8 millas náuticas), 180,260 kilómetros de ciclismo (112 millas) y como colofón un buen maratón, esto es, la combinación perfecta para poder calificarnos de inmortales o casi.

Si el pentatlón fue fundado hace tres mil años por Jasón, el triatlón no nació hasta 1977 bajo el sol de las islas Hawái a raíz de una apuesta entre amigos. Mientras discutían sobre cuál era la prueba de resistencia física más dura en todo Honolulu —una competición de natación en mar abierto, un maratón cuesta arriba y cuesta abajo o un largo trayecto en bicicleta—, el comandante de la marina John Collins propuso combinar las tres pruebas en una sola *performance* tan monstruosa que adoptó el nombre de *ironman*, estableciendo que quien fuera tan fuerte o estuviera tan loco como para superarlas una tras otra sería un verdadero hombre de acero (¿y las mujeres?).

A la primera edición se presentaron solo catorce candidatos, entre ellos uno que había comprado su primera bicicleta de carreras solo un día antes, y otro que, entre una prueba y otra, se detuvo largo rato para recuperar fuerzas en un local de *fast food*. Cuarenta y cinco años después, el triatlón es hoy día una de las competiciones de resistencia más codiciadas del mundo, el nombre *ironman* es una marca comercial registrada en Estados Unidos y miles de atletas están dispuestos a cualquier cosa con tal de sufrir en los rincones más escabrosos y espectaculares del planeta; entre ellos cabe citar incluso a Haruki Murakami, que en el último capítulo de *De qué hablo cuando hablo de correr* cuenta, con una mezcla de horror y pasión, su obstinada determinación de llevar a término el triatlón en una isla japonesa.

Así pues, la expresión latina *non plus ultra* no parece que pueda aplicarse a la obsesión por resistir de los runners modernos, que nunca se hartan de llevar siempre más allá el límite físico de las pruebas, hasta tal punto que las grandes marcas deportivas han hecho del concepto *no limits* una especie de sello, arrullando a los consumidores con la ilusión de que, se ponga donde se ponga, un límite no es más que un detalle que se puede superar.

En general, se define como ultramaratón cualquier prueba de carrera que supera la distancia canónica que separa la ciudad de Atenas de la de Maratón. El catálogo de las competiciones actuales que van más allá de las «columnas de Hércules» pedestres de los 42,195 kilómetros tradicionales es bastante largo, y más bien horripilante para los simples mortales que se sienten ya campeones después de haber corrido el medio maratón de beneficencia de su barrio.

El más famoso del mundo —y monstruoso por el entrenamiento que exige y por la temperatura extrema a la que se celebra— es sin duda el Maratón de las Arenas (*Marathon des Sables*), llamado también «carrera de expedición» al desierto del Sáhara. Los participantes tienen que realizar un recorrido de doscientos cincuenta y cuatro kilómetros en solo seis días, con etapas de más de ochenta y seis kilómetros diarios llevando encima sus propias provisiones de comida (pero por fortuna no el agua), en situaciones atmosféricas que prevén tormentas de arena, calor asfixiante y humedad constante. Cada año, los entusiastas participantes en el Maratón de las Arenas son más de mil y entre los protagonistas que han forjado la historia de esta competición se encuentra el italiano Marco Olmo.

Entre los ultramaratones famosos por su ambición y su locura viene después el Montane Yukon, llamado *arctic ultra*, que obliga a los atletas a completar un trayecto de setecientos kilómetros en el norte de Canadá a temperaturas comprendidas entre –10 y –20 ºC, naturalmente siempre con las provisiones a la espalda, un esfuerzo superior incluso a la campaña de Rusia que hace de él la carrera más dura del mundo. Pero hay muchos más: entre carreras de centenares de kilómetros al pie de las pirámides de Egipto (la Trans 555+ Elite Runners Race), en medio de la selva amazónica brasileña (Jungle Marathon) o siguiendo las huellas de un preso evadido de la cárcel con un desnivel de dieciséis mil quinientos metros (el Berkeley Marathon, en Tennessee), incluido un *ironman* multiplicado por diez (el *deca-ironman* de Monterrey), he descubierto incluso la existencia de un Espartatlón, un ultramaratón entre las ciudades de Atenas y Esparta, de doscientos cuarenta y seis kilómetros de distancia, inspirado en la primera carrera legendaria de Filípides, la que hizo en calidad de mensajero para pedir ayuda con motivo del estallido de la guerra contra los persas, y como confidente del dios Pan; no cabe duda de que esta carrera extrema no será el tema de otro libro, al menos no de uno mío.

No obstante, debido también a la frecuencia de los accidentes graves o mortales, está empezando a cuestionarse este tipo de competiciones cada vez más al límite de lo imposible, hasta el punto de poner en riesgo la vida de los participantes, y que parecen contradecir el espíritu olímpico al querer rechazar la presencia de puestos de socorro a lo largo del trayecto; carreras más cerca de un juego de azar con la vida que del deporte de fondo.

Supuso no poco desconcierto —recuerdo que sentí cómo me calaba hasta los huesos un malestar que no se me olvida— la muerte por hipotermia de veintiún maratonistas chinos en mayo de 2021, sorprendidos por una tormenta de granizo y hielo durante una carrera en las cumbres de las montañas del Bosque de Piedra del río Amarillo, en el norte de China; los supervivientes declararon que las condiciones del recorrido eran tan extremas que ni siquiera eran capaces de tenerse en pie en medio de las grietas.

Desde la insignificancia de mis entrenamientos, ante esta inexplicable, casi ebria necesidad de resistir y seguir resistiendo, no sé qué decir, pero sí lo que dirían tal vez los griegos: *hýbris*.

En la antigua Grecia la *hýbris* (ὕβρις) era una densa noción moral que podría traducirse por «desmesura» y que indicaría una actitud de arrogancia hacia la naturaleza y los límites que esta impone, contraria a la templanza y a la moderación, entendida ante todo como conocimiento de uno mismo y de sus límites.

«Puedes observar cómo la divinidad fulmina con sus rayos a los seres que sobresalen demasiado, sin permitir que se jacten de su condición. Puedes observar también cómo siempre lanza sus dardos desde el cielo contra los mayores edificios y los árboles más altos, pues la divinidad tiende a abatir todo lo que descuella en demasía», escribía el historiador Heródoto en su *Historia* (VII 10). *Hýbris* era sinónimo de cobardía y al mismo tiempo de pequeñez, de incapacidad para aceptar la condición humana, tan limitada, tan precaria, comparada con la divina, perfecta e inmortal.

Si en el deporte resistir no era para los griegos un valor, ni mucho menos, sobresalir en el ámbito de las prestaciones era un delito, un ultraje, una incapacidad de ser hombres, de ser plenamente humanos.

Los límites físicos impuestos por músculos, ligamentos, pulmones y corazón, y en última instancia por el código genético de cada uno, no eran considerados superables con vistas a que pudieran evolucionar gracias al esfuerzo y al entrenamiento. El progreso no era un valor absoluto que hubiera que perseguir a cualquier precio, y resultaba escandaloso querer ir *ultra*, «más allá» de la condición humana; la obligación y el honor, por el contrario, provenían del valor a la hora de rellenar el espacio comprendido dentro de esos límites con empresas notables y con los laureles de la gloria.

En resumen, el ruido que aguardaba al atleta que obligaba a su cuerpo a prestarse a la seducción de lo *ultra* no era el de los aplausos del estadio, sino el de las uñas rotas de los Titanes que habían conseguido trepar hasta el cielo y acto seguido habían sido arrojados y devueltos de nuevo al suelo por Zeus.

Cabe preguntarse, pues, cuál es el premio, el trofeo, la recompensa final de tanto correr y resistir por nuestra parte.

Personalmente no tengo ni idea, me cuesta trabajo imaginarme coronas de laurel íntimas o épicas victorias en el interior de mi ánimo al término del maratón de Atenas; a lo sumo podré decir que he ganado en la mirada orgullosa de la persona a la que amo y que espero que esté esperándome en la meta. Tengo, sin embargo, la sensación de que mi vida después de haber corrido 41,8 kilómetros no será en absoluto diferente de como es hoy. Premios al final de la carrera no veo, desde luego no más nobles que una simple foto de recuerdo, y temo que el hecho de haber terminado un maratón acabe pronto por convertirse en una nota al margen de mi biografía, desbordada por los quehaceres cotidianos, el trabajo, la casa, la familia y por nuevas aventuras desquiciadas, tanto físicas como intelectuales, que tengo previsto emprender.

Resumiendo todavía más, temo que la felicidad de llegar a la meta dure demasiado poco y que, a falta de premios indelebles, la gloria de correr un maratón resulte mucho más pasajera de lo que siempre me he imaginado.

La palabra «agonismo» —que indica ese especial espíritu combativo, esa fuerza de emulación del atleta durante el desarrollo de la prueba, y de ahí, por extensión, la dimensión profesional del ejercicio deportivo— deriva del griego ἀγωνισμός (*agonismós*), «lucha». El vocablo deriva a su vez de ἀγών (*agón*), el *agón*, una «competición» genérica, a partir del verbo griego ἄγω (*ágo*), que significaba «arrear», «conducir» y también «capitanear».

Creo que ha habido pocas épocas en la historia más descaradamente competitivas que la antigua Grecia, en la que todo o casi todo era un certamen declarado; mejor dicho, un *agón*. Desde la batalla hasta el deporte y desde el arte hasta la retórica. Y el premio para cualquier lucha, física o intelectual, era siempre el mismo, un puñado de versos inmortales.

En el caso de la guerra, desde los tiempos de la *Ilíada* de Homero estaba perfectamente claro que se encargarían de asegurar la eternidad de la empresa los versos de los poetas. Aun así, creo que muchos runners se asombrarán al menos tanto como me sorprendí yo al descubrir que en las Olimpiadas el premio definitivo —el sentido de todo el sudor, de los entrenamientos y de la constancia de un atleta— lo constituía una poesía.

Precisamente por ese motivo, relacionado también con el deporte, en Occidente vio la luz por primera vez el género poético dedicado a cantar las gestas de los hombres y no solo la gloria inmortal de los dioses, como sucedía ya desde hacía siglos. De hecho, puede decirse que la poesía «laica» es también un producto del deporte y viceversa, porque aquella se afirma en la misma época que este, esto es, en el siglo VII a. C., poco después de la institución de los

Juegos Olímpicos. Después de los grandes ideales colectivos inmortalizados por Homero, la gloria corresponde ahora al individuo aislado, con nombre y apellidos, que sobresaliendo en el estadio hace grande a Grecia no ya con las armas —o no solo con ellas—, sino con sus músculos.

Los antiguos llamaban a este género poético «poesía lírica», porque los versos iban acompañados siempre del sonido de la lira, justamente como en las figuras reproducidas en los vasos griegos que hoy día admiramos en los museos; y esa poesía lírica se dividía a su vez en monódica, cuando era cantada por una sola persona, y coral, cuando era ejecutada por un coro.

Entre las composiciones dedicadas a los momentos irrepetibles de la existencia humana —nacimientos, bodas, funerales— destacaba el género llamado epinicio, el canto coral consagrado al vencedor de los juegos —en griego el término era ἐπινίκιον (*epiníkion*)—, acompañado de μέλος (*mélos*), «canto», es decir, el canto de la victoria, compuesto de ἐπί (*epí*), «sobre», y νίκη (*níke*), «victoria». Organizado según un esquema tripartito, el epinicio incluía la descripción de la victoria del atleta, su historia personal y la de sus antepasados, una sección mitológica y una conclusión de carácter moralista llena de máximas y preceptos. Recitados durante los numerosos banquetes celebrados en la Antigüedad después de los certámenes deportivos, estos poemas eran encargados a poetas profesionales por el propio vencedor o por su familia, de manera no muy distinta de como en la actualidad se contrata a un fotógrafo para inmortalizar un momento que se considera digno de ser recordado.

Entre los autores de epinicios cuyas obras no se han perdido a lo largo de los siglos y han llegado hasta nosotros, resulta imposible no citar a Simónides, a Baquílides y, sobre todo, a Píndaro, que fue el maestro indiscutible en el arte de celebrar la gloria de los atletas, y también de cierta oscuridad estilística rayana en el misterio. Gracias a Píndaro conocemos las hazañas —hoy en día diríamos las *performances* o los *personal best*— de muchos atletas antiguos, así como el orgullo desmesurado de sus familias; destaca entre ellos Arcesilao de Cirene, vencedor de la carrera de carros celebrada en 466 a. C. y protagonista del epinicio más largo de Píndaro que ha llegado a nuestras manos, la *Pítica IV*.

En la antigua Grecia, pues, se preveía un único modo de que el ser humano pudiera existir orgullosamente en primera persona del singular, como «yo», librándose así del anonimato de la muchedumbre indeterminada: sobresalir en el deporte y recibir a cambio un poema.

La palabra «récord», del inglés *to record*, significa aquello que debe ser «registrado» para no ser olvidado. Los griegos confiaban en la inmortalidad del acto poético; quién sabe, en cambio, en qué creemos nosotros, los runners modernos, nunca agonistas, condenados por nuestro excesivo bienestar a correr para no ganar y, por lo tanto, desprovistos de premios capaces de cristalizar para siempre el momento en el que cruzamos la meta.

Tal vez sea yo demasiado romántica, o quizá antigua, pero un puñado de versos siguen pareciéndome una magnífica motivación para correr hasta el final y aún más allá, y no excluyo presentarme a reclamarlos una vez concluido mi maratón de Atenas; un magnífico modo de proteger esa guerra personal de resistencia que es el acto de correr largas distancias, para protegerlo de la banalidad de eso de «solo por hacerlo», de eso de «solo por decirlo». O del silencio.

Esta mañana me ha apetecido cambiar de color para hacer mis kilómetros de todos los días, así que he abandonado el verde botella del Sena para colarme entre los parterres en flor de comienzos del verano del Jardin des Plantes. Corriendo llena de alegría entre las hierbas aromáticas, gerberas rosas y margaritas, mientras bendecía el aire fresco y prometedor de primera hora del día, de repente me he dado cuenta de que fue precisamente aquí, en el perímetro comprendido entre este elegante jardín parisino y el largo boulevard de l'Hôpital que lo flanquea, donde empecé a correr hace tres veranos.

No ha sido el recuerdo del esfuerzo desproporcionado, casi sobrehumano, de aquellos primeros entrenamientos lo que me ha sorprendido esta mañana: no exagero si digo que empezar a correr ha sido la empresa más fatigosa a la que me he consagrado en toda mi vida; casi cada día que me pongo las zapatillas de correr recuerdo muy bien los arranques inanes del principio, las rodillas inflamadas, los gemelos destrozados, las ganas de echarme a llorar en medio de la calle al cabo solo de unos pocos metros. Hoy lo que me ha desquiciado ha sido más bien una constatación un tanto desconcertante: no sé por qué un buen día me dio por correr.

Hasta hoy no me había preguntado nunca por qué decidí dedicarme al running y no al alpinismo, al tenis, a la danza o cualquiera de los otros mil deportes que ha inventado el hombre. Desde luego no ha sido ni por costumbre ni por experiencia; para mí correr no es una «cosa de familia», como dice Cécile Coulon en su Petit éloge du running, en el que cuenta que empezó a correr de modo natural solo porque sus padres y sus hermanos ya lo hacían con la misma constancia con la que hoy se lee un libro o se va al cine. De niña en mi casa no vi nunca entrar un par de zapatillas de correr, ni después, en otras fases de mi vida, el running tampoco ha hecho acto de presencia ni siquiera tímidamente; mis amigos no corren y mi mundo, el de la cultura, no se presta mucho a conversaciones deportivas ni a excursiones por el bosque.

Así que si en los últimos años me ha dado por correr a orillas del Sena no ha sido por instinto de emulación ni porque nadie, ni siquiera vagamente, me haya ponderado sus beneficios. Entonces ¿por qué lo he hecho? Pensando de nuevo en ello precisamente ahora que estoy preparando un maratón, el pasatiempo menos natural y espontáneo que pueda existir, tengo la impresión de que me he aficionado al running por una cuestión de autenticidad; a pesar incluso de mi falta de aptitud, la de correr ha sido una decisión que se me ha impuesto de forma natural, como la única opción posible. No he valorado, entre tantos como hay, qué otro deporte practicar; correr ha sido la primera y la única intuición; fielmente la he obedecido. Quería mover un cuerpo flojo y un espíritu cansado, y la única posibilidad concebible para mí ha sido correr, y sigue siéndolo. Incluso ahora que estoy ágil y entrenada, que hace casi tres años que no conozco ni un santo día en que no haga ejercicio físico, sigo siendo devota del *running, no se me pasaría nunca por la cabeza dejarlo en un rincón para dedicarme a otra disciplina deportiva; como Murakami, me daría terror perder de golpe los resultados más que modestos obtenidos a fuerza de tanto entrenamiento y tanto sudor; si continúo corriendo es solo para honrar la fatiga soportada para llegar hasta aquí.*

Espontaneidad y mucho orgullo, incluso demasiado; eso es lo que de verdad me ha llevado al running. En un estado de forma física tan lamentable como el que tenía, no habría soportado nunca cruzar el umbral de un gimnasio o de un terreno de juego para someterme a las clases de un instructor de cualquier deporte bajo la mirada de compañeros mucho más entrenados que yo. Correr no requiere explicaciones ni clases preliminares, no se va a una escuela de correr; si aprendí a andar de pequeña, basta acelerar el ritmo con el que se ponen los pies uno detrás de otro, debí de decirme inconscientemente. Además, el running es el deporte solitario por definición; incluso en grupo, se corre solo, porque al final las únicas piernas, el único cerebro y el único corazón que hay son solo los nuestros, y son inescrutables. Durante un año por lo menos, al principio, no he dicho absolutamente nada a nadie de esta resolución personal que ha sido para mí correr, y esos veinte o treinta minutos de zancadas y falta de resuello me daban todavía más placer y más fuerza precisamente por ser un secreto; incluso ahora corro obstinadamente sola, inventándome magníficas disculpas para no salir casi nunca a correr con mi compañero, un maratonista de verdad y mucho mejor preparado que yo.

Dejando a un lado la faceta de lobo solitario del *running*, a menudo me pregunto qué es lo que me seduce de esta asfixiante actividad de resistencia sin fin. Debo reconocer que no hay muchos deportes que sean más aburridos que correr, al menos sobre el papel, pues en verdad hay poco en la carrera con lo que distraerse o sonreír: ni un balón, ni un perímetro, ni un compañero de equipo, ni agua a nuestro alrededor o una montaña desde la que contemplar el panorama. De hecho, cuando corremos no hacemos nada de nada, aparte de medir la respiración y poner los pies uno delante y otro detrás durante kilómetros y kilómetros.

Hace cuatro millones de años, en Etiopía, el resorte evolutivo que puso a nuestra especie erguida sobre los dos pies para que dejara de estar a cuatro patas, no fue ni el instinto ni el ambiente circundante; fue el *running*. El ser humano descubrió su dimensión vertical corriendo, despacio, pero durante mucho tiempo; si bien es verdad que, al pasar de cuatro a dos extremidades apoyadas en el suelo, el hombre perdió en velocidad respecto a los demás animales, ganó en resistencia. Una de las formas de caza más practicadas, y que ha permitido a nuestra especie alimentarse mejor y desarrollar las facultades cerebrales, fue la caza por agotamiento: correr pacientemente tras una presa mucho más rápida, pero menos resistente, hasta conseguir que cayera al suelo de puro cansancio.

De forma absolutamente obvia, mi aptitud para el *running* confirma la bondad de esta teoría evolutiva; corro todos los días como astuta estrategia de agotamiento, solo que en mi caso la presa soy yo misma, aparte de mi equilibrio físico y mental. A lo largo de mi vida he perseguido el bienestar, el buen humor y la serenidad —de *modo más general la paz de la existencia o al menos una tregua— por todos los medios, casi todos legales; ninguno, salvo correr, ha surtido un efecto mejor y más duradero, sin secuelas y sin tener que pagar precios demasiado altos. Como mis antiguos colegas homínidos, por fin me he dado cuenta de que lo que deseo solo tengo que perseguirlo: si soy capaz de resistir el tiempo suficiente, acabará por caer a mis pies. Ese es el motivo de que me guste tanto resistir, porque todavía no ha habido un mal humor o una pena que no se hayan disipado después de media horita de carrera.*

«Imagínate tres años después y al cabo de correr diez kilómetros», pensaba esta mañana en el Jardin des Plantes. En el fondo, dejamos de andar y empezamos a correr solo para ir un poco más deprisa que nuestro dolor; para desafiarlo, para domarlo, para que vea quién manda. Y hoy otra vez, hasta mañana, gracias al running puedo decir que he ganado yo.

4

Un minuto. Poca cosa. Casi nada.

Sin embargo, si tuviera ahora que ponerme a contar los minutos que simplemente he dejado pasar a lo largo de mi vida —sin sentir cómo transcurrían porque estaba ocupada haciendo (y sobre todo pensando) cualquier otra cosa aparte de cómo existían y se acababan—, entonces serían años.

Luego he empezado a correr. Y a partir de ese momento se ha impuesto en mí la presencia física del tiempo, necesaria, dolorosa, perturbadora.

Más concretamente: si alguien nos pidiera por favor que esperáramos «unos minutos», ese puñado de segundos no sería gran cosa, solo una ocasión entre mil, por ejemplo, para sacar el teléfono del bolsillo y dejarnos hipnotizar como serpientes atontadas por el discurrir del feed de una red social hasta ni siquiera tener conciencia del tiempo, ya olvidado. En cambio, intentad correr «unos minutos» y podréis tocar con vuestras manos ese telón polvoriento que cae siempre sobre las cosas y sobre la existencia, el tiempo.

No es tanto, creo yo, cuestión de que cuando nos esforzamos un minuto parece que no vaya a acabar nunca y, en cambio, cuando estamos ocupados con algo agradable y feliz *fugit irreparabile tempus*, por decirlo en latín con un verso de Virgilio (*Geórgicas* III 284): huye el tiempo a toda velocidad y es irrecuperable.* Corriendo he tenido a menudo la impresión de penetrar bajo la superficie de la mera carrera de las agujas de un reloj y de encontrarme en otro sitio, dentro de esa sucesión de segundos y de minutos, de semanas y de años, que por convención llamamos «tiempo».

Ya no me interesaba detener, como una loca, esas agujas; de repente se me había abierto la caja que contenía todos los mecanismos del reloj.

Lo que sentía con estupor, curiosidad, miedo y siempre desconcierto no estaba relacionado tanto con el paso del tiempo (que siempre pasa), mientras rezaba para que acabara pronto y poder así por fin quitarme las zapatillas de deporte y descansar, dejando de sufrir como un animal. En un determinado momento, ni siquiera me daba cuenta ya de ese discurrir, como si, al correr, hubiera dado yo un paso atrás respecto a la línea recta en la que solemos imaginarlo, dividido de forma irreparable entre pasado, presente y futuro, y me viera convertida escandalosamente en testigo de la materia de la que está hecho y de su pesadísima consistencia.

Para mí ha supuesto una revolución copernicana; he dejado de luchar como una endemoniada para escapar de esa jaula cronológica en la que estamos pri-

---

* P. Virgilio Marón, *Bucólicas. Geórgicas. Apéndice virgiliano*, trad., introd. y notas de Tomás de la Ascensión Recio García y Arturo Soler Ruiz, Madrid, Biblioteca Clásica Gredos, 1990. *(N. de los T.)*

sioneros debido a la condena irremisible de las leyes de la física. Antes bien, por primera vez he empezado a mirar a mi alrededor, para comprender qué hay efectivamente dentro de esa cárcel y si acaso existe la posibilidad de hacer algo bueno con ella, aunque estemos presos.

En pocas palabras, después de pasarme toda una vida atormentándome para entender qué es el tiempo, correr me ha liberado de esa obsesión trágicamente proustiana y acto seguido, sin escapatoria posible, me ha impuesto otra: comprender qué hay dentro del tiempo.

Pues bien, una vez entendida la pregunta, me ha tocado intentar encontrar una respuesta.

Evidentemente he encontrado solo más preguntas. Y una intuición, por lo demás griega: quizá la puerta a la dimensión del tiempo que había abierto a mi torpeza el hecho de correr no era más que el concepto griego de καιρός (*kairós*), ese «momento irrepetible» o «tiempo fuera del tiempo» que a todas luces no había llegado yo a entender a fondo.

En el siglo IV a. C. el último gran escultor de la Grecia clásica, Lisipo, que también había trabajado en la corte de Alejandro Magno, realizó una estatua de bronce que llamó sencillamente *Kairós*. Perdida a lo largo de los siglos, de esta obra conocemos hoy únicamente copias bastante feas de época posterior y las descripciones que de ella hicieron los poetas. Entre todos ellos, sorprenden los versos que escribió Posidipo, un epigramatista macedonio que hizo del *Kairós* de Lisipo metáfora y advertencia de las oportunidades que, si se saben aprovechar, ofrece el tiempo.

He aquí sus palabras, esculpidas, según algunos, precisamente en la estatua original, en un diálogo imaginario entre el tiempo y un hombre:

—¿Dónde nació el escultor?

—En Sición.

—¿Fue su nombre?

—Lisipo.

—Y tú ¿quién eres?

—Soy Kairós, el señor del mundo.

—¿Por qué vas de puntillas?

—Corriendo estoy siempre.

—Y las alas en los pies, ¿por qué?

—Vuelo como el viento.

—¿Y por qué esa navaja en la diestra te veo?

—A los hombres muestro que más veloz soy que cualquier instante.

—¿Y el cabello en los ojos?

—Asírmelo puede el que salga a mi encuentro.

—¿Y por qué lo de atrás está calvo?

—Una vez que he pasado con rápidos pies, nadie luego, aun deseándolo, puede por detrás agarrarme.

—¿Y por qué te ha esculpido el artista?

—Me puso en el atrio como enseñanza, amigo, para todos vosotros.*

---

* *Antología Palatina I (Epigramas helenísticos)*, 262 (XVI 275), trad. e introd. de M. Fernández-Galiano, Madrid, Biblioteca Clásica Gredos, 1978. *(N. de los T.)*

Aviso recibido, Lisipo.

Ahora sé que, antes de calzarme las zapatillas de deporte, lo único que hacía era correr en pos del tiempo, suplicándole que permaneciera inmóvil cuando estaba feliz y aguijándolo para que pasara más deprisa cuando sufría. Yo siempre iba por detrás, contemplando su nuca calva mientras me golpeaba sin parar la cabeza, y mi consciencia chocaba con el filo más cortante de la navaja que sujeta en sus manos.

Cuando empecé a correr, sin ni siquiera darme cuenta, me encontré delante del tiempo, que amablemente me ofrecía sus cabellos dorados, como en la metáfora del poeta, para poder aferrarlo al fin y hacerlo mío.

Acostumbrada a ir huyendo en pos del tiempo, no sabía cómo alargar la mano y cogerlo, con todas las responsabilidades que ello comportaba, ante todo la obligación de usarlo para hacer algo bueno. Lo deseaba, pero no conocía el gesto.

Quedé atónita durante mucho tiempo; la perspectiva era muy halagüeña, desde luego, pero su carga resultaba condenadamente pesada. Luego un buen día dejé de pensar en ello, alargué el brazo con incertidumbre, como si estuviera en equilibrio sobre la pasarela invisible que ha sido para mí el running, y finalmente lo agarré por los pelos; desde entonces el tiempo ha sido mío.

Aun sin tener alas en los pies, esos cuarenta minutos de carrera que me gusta infligirme a diario me han enseñado, sin apelación posible, que el tiempo no se pierde ni se gana; se pueden hacer hasta mil cosas a la vez, o quizá ninguna, pero no existen días de veinticinco horas ni de veintitrés.

El tiempo se utiliza, se llena, o se derrocha, vaciándolo de significado.

Una vez descartada la opción de quedarme tan tranquila en el sofá, enseguida me he encontrado ante la carga de decidir qué hacer de esos minutos en los que me obstino en correr; no cabe acelerarlos, para que el esfuerzo pase pronto, ni tampoco hacer que duren más cuando me siento libre, cuando me siento bien. La única posibilidad, pues, de no abandonar es darles un sentido.

Aristóteles decía que el *kairós* es «el bien en el tiempo», τἀγαθόν [...] ἐν χρόνῳ (*tagathón* [...] *en chróno*, en *Ética nicomáquea* 1096a 24-27).* Dicho de modo más sencillo, el *kairós* no es más que el uso que elegimos hacer de él, qué decidimos en concreto poner dentro del tiempo del que está hecha la vida.

Surge, pues, de la naturaleza de las cosas, de su labilidad y de la consiguiente urgencia de actuar; si el tiempo es una línea recta, con un principio y un final, el *kairós* es un círculo que se expande a partir de cualquier punto de esa línea del que decidimos sacar provecho.

Confundido a menudo —*in primis* por una servidora— con el instante fugaz, el momento irrepetible que hay que coger al vuelo, el *kairós* no tiene nada que ver con el *carpe diem* de horaciana memoria; no es algo que, si no lo agarramos, se va para no volver.

---

*   Aristóteles, *Ética nicomáquea. Ética eudemia*, introd. de E. Lledó Íñigo, trad. y notas de J. Pallí Bonet, Madrid, Biblioteca Clásica Gredos, 1985. (*N. de los T.*)

El *kairós*, por el contrario, puede repetirse, por supuesto, tantas veces como los minutos, horas y días que separan nuestro nacimiento de nuestra muerte.

La cualidad intrínseca del *kairós*, el aspecto verbal que determina su desarrollo, no es puntual, es decir, no está dotado de un principio y de un final, sino durativo; los griegos, como su manera sublime y precisa de imaginar el tiempo gramatical, sabrían expresarlo mejor que yo. *Kairós* no es «yo corro» ni «yo gano», no es «yo amo» ni «yo lloro», sino una acción fotografiada todavía en su pleno desarrollo; su enfoque está movido: «estoy corriendo», «estoy amando», todo para poder decir al final «estoy viviendo».

En definitiva, obstinarnos en hacer la vivisección del tiempo para comprender qué es nos obliga a encontrar una respuesta a la pregunta *cuándo*. Intentar agarrar el *kairós* como se pueda y cuando se pueda nos obliga, en cambio, a preguntarnos *qué* hacer con el tiempo que nos ha caído en suerte, por mucho o poco que sea.

Y no es que luego yo haya hecho quién sabe qué cosa con esta insólita dimensión temporal que me ha ofrecido la carrera; no soy Murakami, que mientras corre bajo la nieve todas las mañanas al amanecer prepara mentalmente las conferencias que va a dar en Harvard.

La ocupación de mis instantes de *kairós* es más bien digna de ser olvidada, cuando soy lo bastante lúcida y no estoy cerebralmente demasiado inmersa en las preocupaciones de mi jornada, en las cosas que tengo que hacer y en las personas que tengo que ver después de la carrera, o en las condenas de mis ayeres; en cuanto a la música que escucho mientras corro, es directamente indigna de comentario.

No importa. Esta toma de consciencia de lo que hay y late dentro del tiempo no está destinada al juicio inmisericorde de lo que pasa por nuestra cabeza. Sirve ante todo para que nos demos cuenta de que, en cualquier caso, algo está pasando dentro de ella.

Aunque no sea siempre capaz de llenar de bien cualquier *kairós* mío, por parafrasear a Aristóteles, el verdadero descubrimiento y alivio ha sido para mí saber que existe y que es accesible. Que, aunque no siempre seamos tan tenaces y tan constructivos como para querer usarlo cueste lo que cueste, dentro del tiempo hay siempre algo que trasciende la naturaleza pasajera de los días y de la existencia; vaya, una especie de bolsa en la que, si queremos, podemos meter un sentido capaz de resistir a la caducidad de los días y que siempre estará ahí, en nuestra memoria, íntegro e incorrupto, tal como lo dejamos.

Llegados a este punto, sería legítimo preguntarse —y de hecho me lo he preguntado— por qué, en mi caso personal, ha sido correr la que me ha dado una prueba concreta de la posibilidad de rozar el *kairós* y no otra de las mil actividades que suelo desarrollar a diario. Comparados con las restantes veintitrés horas de mi jornada, ¿qué tienen esos cuarenta minutos de falta de fuelle y de músculos crispados? ¿Y por qué la actividad mundana del running y no el arte más noble de la música, no la lectura ni el majestuoso espectáculo de la naturaleza?

He tardado un poco en comprenderlo, y creo que la clave de todo está en la presencia.

En ninguna otra de las acciones que se me ha concedido llevar a cabo —excepción hecha de la escritura en ciertos días buenos— estoy tan plena, total y obstinadamente presente ante mí misma como cuando corro.

En todas las demás actividades, incluidas las más agradables, entre ellas amar, lo estoy, sí, y a veces mucho, pero casi nunca al cien por cien de mis facultades mentales; me basta un instante para distraerme, para pensar en el mañana, para enfrentarme a mis miedos y, más en general, para dejarme llevar por el flujo incesante de mis pensamientos. Cuando corro, no; estoy ahí, por increíble que parezca estoy toda yo, y no puedo hacer más que observarme, entera, vulnerable, plena, desnuda.

En un caso banal como el mío será por la fatiga y el sudor. Será por algún mecanismo bioquímico que para compensar el esfuerzo de los músculos obliga al corazón a bombear más sangre y, por consiguiente, más oxígeno al cerebro, y de repente todo se vuelve más nítido, más claro. Será por la falta física de distracciones, excepción hecha de los dos auriculares que llevo en los oídos y del panorama de la ciudad a mi alrededor. Será que, cuando las piernas tienen que dar el máximo de sí mismas para impulsar los pies y hacer que vaya uno delante y otro detrás lo más deprisa posible, cada segundo parece que dura años y, por tanto, intentamos ocupar el tiempo como podemos, aunque sea contando ovejas —algunos entrenadores aconsejan contar nuestros pasos sobre el asfalto para seguir concentrados— o abandonándonos a sutiles análisis freudianos. Será por la analogía de la carrera con las antiguas peregrinaciones, durante las cuales los fieles alcanzaban un estado de adhesión tal al recorrido emprendido que se identificaban totalmente con sus pasos a lo largo del camino, exaltando así la fe religiosa que los sostenía en perfecta comunión entre cuerpo y espíritu.

No conozco una respuesta segura, pero, en cualquier caso, tengo la certeza de que alguna vez, no siempre, cuando corro me acerco a ese estado de consciencia que en psicología se llama *flow*, «flujo», término acuñado por el húngaro Mihály Csíkszentmihályi y que define el hecho de estar completamente inmerso en una actividad y permanecer al mismo tiempo presente ante uno mismo. Sus características, estudiadas desde los años setenta sobre todo en el ámbito de la práctica deportiva, son la plena focalización en el objetivo, una sólida motivación intrínseca y, en cambio, una sensación de gratificación en la realización de una determinada tarea.

Pues bien, para denominar el estado que los ingleses llaman *flow* y los griegos llamaban en otro tiempo *kairós*, las filosofías orientales hablan de *consciencia plena* o, según algunas corrientes de *mindfulness*, de *momento presente*. Estar ahí, en la integridad total de nosotros mismos, en el interior del momento, sin intentar cambiarlo ni controlarlo; de hecho, abandonarnos a la existencia, simple y llanamente dejarnos vivir por completo.

Todo parece indicar —por ahora no dispongo de pruebas, pero no tardaré en descubrirlo— que la parte más difícil de un maratón no es obligar a los músculos a correr cuatro horas o más; eso lo hacen por sí mismos si el constante parloteo de nuestros pensamientos les deja la libertad de hacerlo. La parte más compleja sería la de dejarnos correr sin más, la de permitirnos existir en el esfuerzo, poniendo en ello toda nuestra presencia mental, sin ceder al chantaje de nuestra mente, que, metro tras metro, no hará más que repetir: «¡Nunca lo conseguirás!».

Por otra parte, no son raros los runners que afirman haber vivido experiencias emocionales muy intensas mientras estaban corriendo: lágrimas de alegría totalmente inesperadas, percepciones sensoriales intensificadas, una sensación de bienestar rayana en algo semejante al éxtasis. Aunque no a todos se les concede experimentar una satisfacción casi mística mientras corren —a mí me ha ocurrido y al principio me asusté al verme llorando en plena calle, como una boba—, quizá sea este el punto culminante del bienestar emotivo, alejado de cualquier control racional, que es capaz de proporcionar el hecho de correr.

Los psicólogos llaman a ese éxtasis *peak experience*, «experiencia cumbre» (expresión utilizada por primera vez en 1970 por el estadounidense Abraham Maslow), que correspondería al cenit de la gratificación producida por el estado de *flow*, una especie de orgasmo del running. Una vez terminada la experiencia que conduce a otra dimensión de la persona, el corredor se siente exhausto, abrumado por la emoción, exactamente igual que al término de una relación sexual y, al mismo tiempo, lleno de una energía inaudita.

Según los especialistas en ciencias cognitivas, el estado de *flow*, esa capacidad de agarrarse con tanta fuerza al tiempo que es posible penetrar en él, puede experimentarse en el deporte, pero también en la dimensión espiritual, en el aprendizaje (¿recordáis también vosotros esos momentos de inmersión total en un concepto o en un procedimiento, tan intensos que parecen más cercanos a un estado de trance que al estudio normal y corriente?) y, en casos que constituyen un privilegio de la existencia, en la sexualidad.

Sin tener grandes referencias, creo que puedo darles la razón; nunca me he sentido tan sólidamente aferrada a la vida, nunca el tiempo ha estado más presente dentro de mí, que cuando he tenido el honor de hacer míos una idea o un amor.

Y, sobre todo, cuando he empezado a correr.

Vergonzosamente, solo ahora que me angustia la idea de acabar mi maratón en un tiempo digno —o al menos de acabarlo y punto—, me doy cuenta de que ni en el *Gimnástico* ni en ningún otro sitio, en ningún texto griego que haya podido leer, se menciona el tiempo registrado por los atletas en las competiciones deportivas de la antigua Grecia.

A partir de la Primera Olimpiada, en ninguna parte se especifica en concreto *hasta qué punto* eran rápidos los corredores griegos; así que no lo sabremos nunca. Más aún: de hecho, por evidentes limitaciones técnicas, en el curso de las competiciones antiguas el tiempo era prácticamente ignorado, porque no se podía medir. Resulta bastante chocante, diría yo, para nuestra época, que ha hecho de la velocidad un valor, con las zapatillas de correr puestas o sin ellas, constatar hasta qué punto el tiempo no era para los griegos antiguos más que un detalle superfluo, susceptible de ser olvidado.

La cronometría, es decir, la ciencia que se ocupa de la medición exacta del tiempo —término procedente precisamente del griego χρόνος (*chrónos*), «tiempo», y μέτρον (*métron*), «medida»—, se remonta ya al antiguo Egipto, cuando se inventaron las primeras clepsidras o relojes de agua y se erigieron colosales obeliscos para reseñar el movimiento del sol. Junto con los cuadrantes o relojes de sol, los relojes con mecanismo hidráulico fueron perfeccionados en la antigua Grecia con sistemas cada vez más sofisticados hasta la construcción de la torre de los Vientos de Atenas en el siglo I a. C. Parece incluso que Platón poseyó una especie de «despertador» de agua para levantar los ánimos adormilados de sus discípulos. Pero a nadie, por la evidente falta de medios, se le pasó nunca por la cabeza la idea de computar los tiempos de los certámenes olímpicos.

Así pues, en las antiguas competiciones de atletismo no contaba para nada la rapidez, sino solo la victoria: solamente el primero, el vencedor, pasaba a la historia; todos los demás eran abandonados al vacío del olvido. Acostumbrados (y a veces malacostumbrados) como estamos hoy en día a la precisión científica, no sabremos nunca a cuánta velocidad corrían en realidad los griegos ni podremos cuantificar sus récords. No existen datos, solo fantasías; la hazaña de Filípides, quien, según Heródoto, habría cubierto la distancia entre Atenas y Esparta en un solo día, no parecería tan reseñable (aunque, si de verdad queremos ser puntillosos, doscientos veinticinco kilómetros en veinticuatro horas corresponden a un ritmo medio de poco más de nueve kilómetros por hora, registro accesible para cualquier runner un poco entrenado, incluso para una servidora).

Es evidente que, a falta de una medición cronométrica precisa, las inseguridades y las deformaciones del resultado podían ser muchas, así como las ocasiones de hacer trampas. Filóstrato da testimonio de hasta qué punto era epidémico el escándalo de la venta de una victoria, concedida no ya por mérito, sino por dinero; en el ámbito del running, las fuentes cuentan cómo, con ocasión de los Juegos Olímpicos de 396 a. C., en la prueba de carrera larga, el atleta León de Ambracia presentó un recurso contra el vencedor, afirmando que él había llegado el primero, aunque los jueces fingían no haberlo visto. No consiguió la corona de laurel, pero se impuso una cuantiosa multa a los árbitros corruptos.

Desde la clepsidra hasta el péndulo de Galileo y Newton, desde los relojes mecánicos hasta los electrónicos, la necesidad del cronometraje se impuso antes en la navegación que en el deporte; a partir de la segunda mitad del siglo XVIII, los almanaques y las tablas trigonométricas de los barcos dieron paso a los primeros cronómetros ingleses, que limitaron el número de las impericias y, por ende, de los naufragios.

En las competiciones deportivas, lo que puso en marcha la puesta a punto de unos sistemas de medición del tiempo cada vez más precisos no fue, desde luego, la nobleza del esprint atlético, sino las ganancias prometidas por el sistema de apuestas; para quien apostaba era absolutamente fundamental saber con certeza quién había vencido y, por consiguiente, cuánto dinero se iba a ganar.

En las primeras Olimpiadas modernas de 1896, las pruebas pedestres fueron computadas con un Longines al quinto de segundo. Parece ya mucho, pero no es suficiente, por supuesto, si se tiene en cuenta que, en los cien metros lisos, en un quinto de segundo se corren por lo menos dos metros. Hasta los juegos de Estocolmo 1912 no se inauguró el sistema de cronometraje electrónico; las cuerdas sujetas por jalones que separaban las calles de las pruebas de atletismo fueron desterradas y sustituidas por rayas de yeso; apareció la pistola eléctrica y, en el punto de llegada, el cronómetro del juez tomaba una fotografía instantánea, la llamada «foto *finish*». Los tiempos se marcaban a la décima de segundo.

El sistema internacional de unidades, abreviado como SI, reconoce el segundo como unidad de medida del tiempo desde su nacimiento en 1889, y desde 1963 lo define como «equivalente a 9 192 631 770 oscilaciones de la radiación correspondiente a la transición entre dos niveles hiperfinos del estado fundamental del átomo de cesio». Hoy en día los resultados de las principales competiciones deportivas se miden con cronómetros atómicos, que permiten victorias a la centésima e incluso a la milésima de segundo, limitando el más mínimo error humano posible.

Como nunca había sido yo tan experta ni en física ni en deportes, no había tenido jamás en cuenta la importancia del valor de la medición del tiempo antes de conocer por casualidad a un miembro de la Federación Italiana de Cronometradores (FICR), quien, en vista de mis desvelos por el resultado del maratón de Atenas, con los que aburro a todo aquel que se me pone a tiro, me dio una respuesta seca y precisa, como la de un cronómetro: la correcta medición del tiempo es un derecho fundamental de cualquier deportista.

No lo había pensado nunca: poder registrar con exactitud en cuánto tiempo se ha llevado a cabo una prueba es un privilegio de la época contemporánea, inaccesible durante siglos a los atletas, empezando por los corredores griegos; o, por el contrario, burlado por conveniencia. Según esta lógica, nueva para mí, el tiempo, como cualquier otro derecho, sería síntoma de democracia y, por tanto, de libertad, no ya prisión de la que escapar ni carga que esquivar.

La única excepción, el decaimiento de este derecho inalienable de cualquier atleta, es la que representa no ya la descalificación (se consigue en cualquier caso un tiempo, aunque deje de ser válido), sino la violación del significado de cada deporte en concreto. En efecto, para cada competición está previsto un tiempo máximo, por encima del cual ya no se está compitiendo, sino solo jugando; FTM, «fuera del tiempo máximo», es la sigla por encima de la cual hasta el cronometrador más suizo que pueda haber se rinde a la mediocridad del resultado, renunciando así a atribuirle un tiempo.

Ahora que he comprendido que es un derecho mío, ese tiempo —cualquier tiempo de mi existencia— lo quiero. Ya no lo temo, aunque sea inferior al de otros o incumpla las expectativas que pueda yo abrigar; es más, tengo la intención de reclamarlo hasta el último segundo disponible sin hacer trampas. La alternativa sería no dejar rastro o vivir fuera del tiempo como un payaso, o bien ser descalificada como una ladrona.

San Agustín decía en las *Confesiones* a propósito del tiempo: «Si nadie me lo pregunta, lo sé; pero si quiero explicárselo al que me lo pregunta, no lo sé. Lo que sí digo sin vacilación es que sé que si nada pasase no habría tiempo pasado; y si nada sucediese, no habría tiempo futuro; y si nada existiese, no habría tiempo presente».*

No estoy segura de saber lo que es en realidad el tiempo. Sin embargo, corriendo he llegado al menos a sentirlo. Es poco, sí, pero eso me basta. Y me consuela.

---

*   *Confesiones*, XI, 14, 17. Véase san Agustín, *Obras. II. Las confesiones*, ed. crítica y anotada por el padre Ángel Custodio Vega, Madrid, BAC, 1979. *(N. de los T.)*

El mes de junio ha dado comienzo trayendo consigo una lluvia anómala para la estación, que hace que mis entrenamientos matutinos a orillas del Sena resulten pegajosos y resbaladizos, y procurándome un inesperado descubrimiento, relacionado con la carrera, que primero me ha desconcertado y luego —debido a ese vicio mío de poetizar cualquier cosa, y sobre todo los defectos— me ha seducido.

Hace unos días, siguiendo todas las precauciones exigidas por ese objetivo tan ambicioso —también para la salud— que tengo de correr un maratón, me he sometido a un examen cardiológico para obtener lo que, cuando iba a la escuela, se llamaba «certificado de constitución buena y robusta». No recordaba haberme hecho nunca un electrocardiograma antes del martes pasado; pensaba que mi corazón era indestructible, casi de piedra, como dice en broma un amigo mío; si no se había parado con anterioridad, aunque la vida ya lo había destrozado más de una vez, no veo por qué habría tenido ahora algo en contra de seguir bombeando en círculo toda la sangre necesaria para hacer frente a un paseíto de 42,195 kilómetros. Pero ¡qué va!

Según parece, resulta que soy bradicárdica, severamente bradicárdica; he aquí, pues, qué era esa especie de señal de alarma que se encendía de vez en cuando en el

ángel de la guardia de mis esfuerzos atléticos, el smart-
*watch. Del griego antiguo βραδύς (*bradýs*), «lento», y*
*καρδία (*kardía*), «corazón», parece que en reposo mis*
pulsaciones son muy inferiores a los sesenta latidos por
minuto habituales. La doctora se asustó bastante de que
no me hubiera dado cuenta antes, y yo también, pero no es
nada grave, al parecer. Sonriendo para (literalmente)
animarme, la buena mujer ha llegado a la conclusión de
que tengo un corazón de atleta, o de maratonista. ¡Ya me
gustaría a mí! Lástima que todavía tenga que correr mi
primer maratón.

Efectivamente, la bradicardia, que afecta a muchos de-
portistas, sobre todo si se dedican a disciplinas de fondo,
hace tiempo que es objeto de estudio por parte de los médi-
cos; se dice que el corazón de Fausto Coppi latía a cuarenta
pulsaciones por minuto, y el de algunos fondistas lo hace
incluso a menos. Aunque es innegable que la actividad
deportiva modifica anatómicamente el corazón, a dife-
rencia de la vida sedentaria —el músculo cardiaco se
adapta para resistir el esfuerzo y se vuelve más eficaz,
aumentando de volumen y reduciendo el número de con-
tracciones en reposo—, para algunos atletas «tener un
gran corazón», o incluso «un corazón loco», no es solo una
boutade. *Nunca habría pensado yo estar entre ellos, ni*
que solo en tres años la carrera pudiera cambiarme tanto;
no solo la vida, sino incluso el músculo cardiaco.
    En cualquier caso, tal vez fuera bradicárdica incluso
antes de dedicarme a correr y el running no haya hecho
más que acentuar esta predisposición genética mía; quién
sabe. Lo cierto, sin duda, es que a menudo pienso qué ha

supuesto para mi cuerpo el descubrimiento del deporte, qué ha representado para mi físico esta revolución biológica de tener que adaptarme de golpe a unos requerimientos de energía, de esfuerzo y de resistencia diametralmente opuestos a aquellos con los que había nacido y había vivido cómodamente durante más de treinta años.

Hay días, como esta mañana, en que supero los quince kilómetros corriendo y entonces pienso con candidez que, «de haber sido» mi cuerpo —la directora general de todas mis células, como en ese dibujo animado del cuerpo humano que veíamos de niños—, hace ya bastante que me habría mandado a freír espárragos ante tales pretensiones de gloria atlética. Acostumbrada durante decenios no solo a dormir y a comer mal, sino sobre todo a pasar días enteros sentada ante un escritorio, me parece sencillamente increíble que mis piernas, mis pulmones, mis ligamentos y mis tobillos hayan dicho «vale» a la peregrina e inaudita idea de salir a correr todos los días.

Aparte de cierta rigidez en la espalda y algún dolorcillo inicial, debido al más que comprensible ácido láctico, no he tenido ningún incidente ni ninguna lesión de resultas del *running*; por pura superstición casi me da miedo escribirlo ahora que se acerca el maratón de Atenas, espero que siga así mucho tiempo. Será porque, como escribe Murakami, yo también he tenido la suerte de poseer un ADN fuerte y un cuerpo idóneo para las pruebas de resistencia, condiciones para las cuales no he hecho ningún mérito, sino solo gozado de una suerte descaradamente buena que a muchos les ha sido negada. En general, tengo la impresión de que mi cuerpo se ha adaptado al *running* con mucha más rapidez que mi cabeza, que, de hecho, al cabo de tres años todavía se siente desconcertada ante mi *capacidad de sobrevivir a una hora y media de carrera, mientras que para mis piernas, en definitiva, quizá resulte extraño, pero en cualquier caso es algo asequible sin demasiados dramas.*

Será que durante años y años, antes de dedicarme a correr, me había olvidado de que poseía un cuerpo y de que su forma física no era una de mis prioridades, pero si, hace unos cuantos veranos, alguien me hubiera propuesto que me fuera a la cama con las gallinas para luego despertarme prontito al día siguiente y salir a correr unos veinte kilómetros, tranquilamente me habría cortado las piernas para evitar lo que para mí constituía una tortura evidente. En cambio, mi cuerpo, clemente y generoso por encima de todo lo que pudiera imaginarme, no solo lo ha hecho de repente sin decir ni mu, sino que incluso se ha adaptado, ha llevado a cabo una serie de modificaciones anatómicas para hacer que el running me resultara más soportable y más agradable. Empezando por el número de los latidos de mi corazón.

Una vez comprobado que mi corazón, al menos por ahora, no corre el riesgo de dejar de latir, he hecho de este descubrimiento una hermosa metáfora. De la carrera y también de la vida. Mi corazón no es perezoso, como dicen; solo es juicioso y muy muy exigente.

Sea cual sea la aventura que pretenda yo vivir, con o sin las zapatillas de deporte, mi nivel mínimo y mi nivel máximo se sitúan mucho más allá de la media; o sea que está claro que «para dar más» tengo que dar mucho, pero que mucho más, y, viceversa, tengo que recibir más. El esfuerzo requerido, a mí misma y a los demás, para acelerar los latidos de mi corazón es más intenso; he ahí el motivo, siempre ateniéndome a mi smartwatch, de que, cuando tengo la impresión de estar corriendo al máximo, mi frecuencia cardiaca sea en cualquier caso inferior a los parámetros normales; es algo en lo que debo trabajar más, entrenarme más, ir más lejos, y ese también es el motivo de que a veces sea implacable y francamente insoportable con las personas que tengo a mi lado. Y quizá se explique asimismo por qué me gusta tanto correr, debido a esta inmerecida ventaja biológica que hace que, incluso cuando está sometido a un esfuerzo, mi corazón se encuentre pese a todo en modo «ahorro energético» y que, por consiguiente, midiendo el ritmo de mis latidos, pueda resistir más tiempo antes de venirse abajo fruto del cansancio.

Antes de la visita médica del otro día me dominaba tanto el ansia de robustecer mis músculos y mis ligamentos que no había pensado nunca que los músculos que se entrenan más cuando se corre no son los de las piernas, sino el corazón. Todavía no sé si alegrarme o no del descubrimiento de mi bradicardia, pero considero que en esta anomalía hay ya algo poético, y que en el fondo, teniendo en cuenta mi lentitud y mi intensidad en todo, me pega mucho. Solo espero que no sea una señal nefasta de cara al maratón de Atenas que sigo queriendo obstinadamente correr: «bradicardia» comparte la misma etimología que bradypus, *el género al que pertenece el desdichado animal que llamamos «perezoso», conocido no precisamente por su velocidad y que de hecho merece el epíteto contrario al de Aquiles, «el de los pies ligeros», formado a partir de* βραδύς *(*bradýs*), «lento», y* πούς *(*poús*), «pie».*

5

«CARRERA», SUSTANTIVO FEMENINO

En *La república de los lacedemonios* (I.4) Jenofonte decía: «Licurgo, por el contrario, pensó que [...] para las mujeres libres la más importante misión, a su parecer, es la procreación de los hijos; ordenó, pues, en primer lugar, que el sexo femenino ejercitase no menos que el masculino su cuerpo; y además, instituyó certámenes de ligereza y fuerza entre las mujeres, al igual que entre los hombres, en la idea de que de padre y madre fuertes nacen igualmente hijos más vigorosos».*

Dos mil quinientos años después, la carrera ha sido mi gimnasio de feminismo y mi campo de batalla.

No ha sido leyendo *El segundo sexo* en el Café de Flore, sino quemando kilómetros a orillas del Sena como por fin he comprendido lo que quería decir Simone de Beauvoir. Y no ha sido rabia ni rebelión lo que he sentido al comprenderlo, sino más bien una profunda compasión por todas nosotras, algo más próximo a una melancolía desenfocada que luego se

---

* Jenofonte, *La república de los lacedemonios*, ed., trad. y notas de María Rico Gómez, Madrid, Instituto de Estudios Políticos, 1973. *(N. de los T.)*

ha incrustado en mí y en las cosas y que, desde ese momento, ya no se me ha ido.

Evidentemente no era necesario ponerme a correr para darme cuenta de que he nacido mujer, o sea, un ser humano de sexo femenino. Y evidentemente no es necesario este libro para demostrar que muchas veces, por ser mujer, se me ha considerado inferior en credibilidad y en idoneidad, sobre todo en los ámbitos en los que me he movido siempre, el académico y el cultural; a las mujeres, por decirlo con una metáfora ya manida relacionada con el running, para afirmarnos y recibir una igualdad de trato el maratón no nos computa los cuarenta y dos kilómetros de rigor reservados a los hombres, sino unos diez o doce más, y encima despiadadamente cuesta arriba. Sin embargo, antes de dedicarme a correr, los conflictos con mi feminidad siempre habían sido generados desde el exterior, por los hombres y las faltas de respeto encontradas una y otra vez a lo largo del camino, una ocasión negada, una dignidad no reconocida, un acoso verbal. Ofensas que han escocido, algunas muchísimo, pero que (por fortuna) no han logrado nunca resquebrajar la visión global de mi naturaleza de mujer, y que (por desgracia) nunca me han llevado a la madurez de una toma de consciencia lo bastante sólida y, por lo tanto, a la lucha.

Por el contrario, unos meses después de empezar a correr, un conflicto encarnizado invadió la esfera de mi feminidad y durante cierto tiempo me dejó hundida; por primera vez en mi vida el golpe no provenía de fuera (un transeúnte que me ha silbado mientras corría, por ejemplo, fenómeno que, por lo demás, cuando aún vivía en Roma estaba a la orden no ya del día, sino de unos pocos minutos).

La guerra la declaré yo, dentro de mí.

No sé si la feminidad es realmente una «secreción de los ovarios», como se preguntaba Simone de Beauvoir; la lectura de su obra, que desde luego no puede ser definida como un manual de carrera pedestre, me ha acompañado no poco en la reñida decisión que ha supuesto escribir este libro, casi siempre quedándome a un paso de desistir de hacerlo, resolución que he tomado y luego revocado por lo menos un par de veces.

Ante todo, sea cual sea mi postura sobre el feminismo, un par de ovarios los tengo desde que nací. Y, cuando se hace deporte, un par de ovarios son una dotación extra a menudo molesta, y siempre un estorbo. Entre dolores difusos, fluctuaciones hormonales que modifican el pecho hasta provocar dolores y flujo menstrual, desde luego no cabe afirmar que ser mujer constituya biológicamente una ventaja en una competición deportiva, y menos aún durante el mucho tiempo necesario para prepararla.

La ciencia, en este caso, puede (o quiere) hacer poco; la indumentaria deportiva ayuda algo, pero no mucho. De hecho, no hay nada que hacer, el cuerpo femenino es el que es y la medicina no puede cambiarlo. Además, ¿por qué debería hacerlo?

Leí una vez no sé dónde: «Una mujer es un hombre que es capaz de correr un maratón sangrando de principio a fin», ocurrencia que he apreciado mucho por su capacidad de síntesis y por su precisión y que intento recordar durante algunos entrenamientos en los que la cabeza me da vueltas.

Desde que he empezado a preparar este libro y a preparar el maratón de Atenas, a menudo me cruzo con otras mujeres durante mis carreras matutinas. Y no puedo dejar de preguntarme cómo estarán, cómo se sentirán, si ellas también, al llevar hasta el límite los músculos de las piernas, notan una especie de lastre en el vientre, más o menos por debajo del ombligo, o en algún sitio, no sé dónde, en el espíritu; a menudo me imagino que me paro y se lo pregunto, pero luego me da vergüenza y no lo hago.

Nunca me pregunto cómo se sentirán los hombres, que mientras corren me parecen totalmente despreocupados y ligeros. En cambio, con todas las mujeres siento una especie de solidaridad tácita, una comunión biológica, una sensación de benevolencia y de compasión; nunca, ni siquiera ante las corredoras mucho más fuertes y mejor entrenadas que yo, siento envidia, ni aunque solo sea el prurito de los celos. Pues bien, debe de ser por ese dato común —el útero— y por ese esfuerzo común de llevarlo encima mientras corremos por lo que he desarrollado un sentimiento de profunda sororidad hacia todas las mujeres con las que me encuentro, empezando por las espartanas de las que habla Jenofonte; un sentimiento que no desaparece ni cuando ya me he quitado las zapatillas de deporte.

Por otra parte, «carrera», como el italiano *corsa*, que procede del latín *cursus*, el participio pasado del verbo *currere*, es un sustantivo femenino. Como «resistencia».

En las Olimpiadas antiguas las mujeres no estaban admitidas. Ni como participantes —¡faltaría más!— ni como espectadoras. De lo contrario, la pena prevista era la muerte. El historiador Pausanias cuenta que, a lo largo del camino que llevaba a Olimpia, incluso había un monte destinado a aquella atrocidad, el Tipeo, desde lo alto del cual eran despeñadas las mujeres que se descubría que habían asistido a los Juegos Olímpicos.

También en Olimpia, sin embargo, se celebraba una competición deportiva en honor de la diosa Hera, reservada al sexo femenino, los llamados *Heraia* o Juegos Hereos. Tenían un carácter religioso y, por lo tanto, no tenían nada de majestuosamente laico ni su finalidad era enaltecer la pujanza de la vida humana, como era el caso de las Olimpiadas. Según el mito, estos juegos femeninos fueron instituidos por Hipodamía, la hija de Enómao, rey de Pisa (la pequeña ciudad griega, no la más conocida de Toscana, en Italia), para agradecer a la diosa su feliz casamiento con Pélope; la primera ganadora de los juegos fue Cloris, la única hija de Níobe que sobrevivió.

Aunque los historiadores consideran que los Juegos Hereos nacieron más bien con una finalidad política, a saber, la de apaciguar las tensiones existentes entre la ciudad de Pisa y su rival, Elis, este certamen no tardó en ser conocido en toda Grecia, y fue organizado el mismo año que las Olimpiadas de los varones por un comité de dieciséis mujeres encargadas de tejer el peplo votivo de Hera. Las muchachas que competían estaban divididas en tres categorías: las chicas más jóvenes, luego las de más edad y por último las mayores. La competición deportiva consistía en una carrera mucho más corta que las pruebas de los varones, equivalente en total a poco más de ciento sesenta metros. Las mujeres corrían vestidas con un quitón, una túnica cortísima, mostrando desnudo el hombro derecho hasta el pecho, y llevaban el cabello suelto. Ya Platón señalaba que se trataba de un atuendo indecente, inadecuado, desde luego, para una prueba deportiva. La ganadora se llevaba una parte de la vaca destinada a ser sacrificada a Hera y una corona de olivo, exactamente igual que en el caso de la estatua del escultor Pasiteles (siglo I a. C.) conservada hoy en día en los Museos Vaticanos, que sorprende por su belleza y su erotismo.

Si hubiera que interpretar los Hereos como un rito de paso de la adolescencia a la edad adulta y no como un deporte femenino, sano y agonístico, desconcierta otro tipo de carrera iniciática reservada siempre a las mujeres en la antigua Grecia; en Braurón, aldea del Ática situada a unos veinte kilómetros de Atenas, las atletas estaban obligadas a que las persiguiera ni más ni menos que un oso. Cada cuatro años se celebraba una procesión solemne en la que las muchachas de la capital eran acompañadas hasta el área sagrada de Braurón, donde las doncellas vivían juntas durante un tiempo y recibían el nombre de ἄρκτοι (*árktoi*), «osas», en honor de la diosa Ártemis, cuyo animal sagrado era precisamente la osa. Vestidas con túnicas de color azafrán teñidas con croco, color que los griegos asociaban con la sangre menstrual, las muchachas participaban en rituales y sacrificios a la diosa hasta que llegaba la prueba final, la huida a toda velocidad, perseguidas por un oso enfurecido. Se decía que las que llegaban sanas y salvas al término de la prueba salían del rito purificadas de su feminidad salvaje y primordial y estaban listas por fin para tomar marido, y además para colgar para siempre las zapatillas de carrera.

Por lo demás, un marido, no ya un trofeo y la gloria, fue lo que se llevó al término de la carrera más famosa de la mitología clásica la hermosísima Atalanta, cuya historia da comienzo ya con violencia por el solo hecho de haber nacido mujer.

Abandonada en el bosque por su padre, que deseaba tener un hijo varón y no una mocosa, fue criada por una osa enviada por Ártemis y por unos cazadores. Una vez adulta, Atalanta se convirtió en una guerrera indomable, famosa por haber matado, entre otros, al jabalí de Calidón, y conocida en toda Grecia por sus cualidades de corredora velocísima. Pero una vez más sus extraordinarias dotes físicas pasaron a segundo plano debido a su sexo. Apolonio de Rodas cuenta que Jasón, el caudillo de los argonautas, la dejó en tierra, negándose a llevar consigo a una mujer en el viaje en barco rumbo a la Cólquide, para acto seguido arrepentirse de ello, por supuesto, exactamente igual que le ocurrió a su padre, que, al tener conocimiento de la fama de aquella hija a la que había rechazado de niña, corrió a reconocerla para obligarla a contraer matrimonio y obtener así una copiosa dote. Atalanta, descrita siempre como una mujer sensual y orgullosamente solitaria, urdió entonces una estratagema para ponerse a salvo de lo que le había vaticinado el oráculo, la pérdida de sus destrezas en la carrera si se casaba. Segura de sus piernas imbatibles, propuso a su padre que la desposara el hombre que lograra vencerla en una carrera, y que se condenara a muerte a aquel que llegara en segundo lugar. Los pretendientes sucumbieron uno tras otro hasta la llegada de un tal Melanión, quien, siguiendo el consejo de Afrodita, dejó caer durante la carrera tres manzanas de oro, obligando así a Atalanta a detenerse para recogerlas y perder un tiempo valiosísimo. Una vez celebrado el matrimonio entre ambos, el mito no da ninguna noticia más de Atalanta, y nadie volvió a hablar en toda Grecia de las carreras de esta primera runner mítica.

Si bien se desarrollaban otras competiciones femeninas de carácter religioso en toda Grecia, entre ellas las Dionisias, en honor de Dioniso, posteriormente se permitió a las mujeres participar en las Olimpiadas por un único motivo: financiar las carreras de carros. Más en concreto, se consentía a las mujeres patrocinar económicamente uno de los deportes antiguos más costosos y elitistas, pero no participar en él; el auriga que conducía el plaustro tenía que ser por fuerza un profesional de sexo masculino. Plutarco cita el nombre de Cinisca, una princesa espartana muy rica y por lo tanto capaz de financiar a su equipo; fue la primera mujer en ser oficialmente inscrita, en 336 a. C., en las Olimpiadas, en calidad de organizadora y adiestradora de caballos, y la que se llevó los laureles de la victoria en el τέθριππον (*téthrippon*), la carrera de carros de cuatro caballos. Según las fuentes, cuando Cinisca participó en la prueba tenía más de cuarenta años y no estaba casada; la fama de la excepcionalidad de su empresa se propagó por toda Grecia y le dedicaron dos estatuas en el templo de Olimpia.

Aun así, para ver a mujeres tomando parte en unas competiciones de carácter deportivo, ya sin ninguna connotación religiosa, tendremos que esperar hasta el siglo i d. C., época en la que Grecia estaba ya sometida a Roma (y poco antes de que Filóstrato escribiera su tratado sobre el deporte); las fuentes hablan de tres hermanas imbatibles en las pruebas de carrera, Trifosa, Hedea y Dionisia, a las cuales fueron dedicadas estatuas y grandes honores.

En Roma, las atletas obtuvieron permiso del cónsul Marco Fulvio Nobilior para participar en los juegos públicos a partir de 186 a. C. con el fin de respetar un voto expresado en el curso de la guerra contra la Liga Etolia; las competiciones deportivas femeninas llegaron a gozar de una sólida tradición. Entre ellas, las carreras ostentaban un puesto de honor: el emperador Domiciano instituyó en 86 d. C. una competición pedestre para mujeres en el marco del *Certamen Capitolinum*, y en el siglo ii d. C. tuvo lugar la victoria de una mujer en una carrera en honor de Livia, la esposa de Augusto. Asimismo, aunque no quepa considerar entre las prácticas deportivas los *ludi gladiatorii*, debemos recordar que no fueron pocas las gladiadoras, en su mayoría esclavas o mujeres del pueblo, que perdieron la vida en la arena del circo; un bajorrelieve encontrado en Halicarnaso, fechable entre los siglos i y ii d. C., representa a dos aguerridas luchadoras que se enfrentan en la cávea armadas con escudo y espada, una vez más completamente desnudas.

Con la llegada del cristianismo, se abolieron las competiciones deportivas de todo tipo porque se las consideraba una peligrosa reliquia del paganismo. Para volver a hacer su entrada en un estadio olímpico, las mujeres tendrían que esperar casi dos mil años, hasta los Juegos Olímpicos de París 1900.

De hecho, en las primeras Olimpiadas de la época moderna, organizadas en Atenas en 1896 por el barón Pierre de Coubertin, la inscripción de atletas de sexo femenino fue prohibida en nombre de la tradición que pretendía relegarlas a las gradas a aplaudir. Hubo, sin embargo, una atleta, una vez más maratonista y una vez más griega, que se opuso a semejante escándalo; se trataba de Stamáta Revíthi, una mujer de treinta años, madre ya de dos hijos, que intentó inscribirse en la prueba de fondo con el pseudónimo de Melpómene, la musa de la tragedia. Al no ser aceptada, decidió correr sola la distancia que separa Maratón de Atenas el 11 de abril de 1896; fue detenida antes de llegar a la meta en el estadio Panatenaico, pero si hoy en día esos 41,8 kilómetros están oficialmente abiertos a todas las mujeres, incluso a mí, se lo debemos a ella. Y a todas las mujeres que a lo largo de la historia no dejaron nunca de correr, dentro o fuera de las pistas trazadas de antemano por los hombres.

En Olimpia, sin embargo, el atleta se presentaba a la competición completamente desnudo, pues, según algunos, durante el verano los griegos ponían a prueba la capacidad de resistir vigorosamente y de achicharrase al sol que tenían los que participaban en los Juegos. En cualquier caso, como dicen los propios helenos, el origen de esta práctica es el siguiente: Ferenice de Rodas, hija de Diágoras el pancraciasta o púgil, tenía una fuerza de carácter tal que al principio la confundieron con un hombre. Así entró en el estadio de Olimpia, cubierta con un manto [o disimulando su sexo de ese modo], y se puso a entrenar a su hijo Pisidoro, que también era un púgil, tan diestro en el arte del pancracio que no tenía nada que envidiar a su famoso abuelo. Desenmascarado el engaño de Ferenice, se produjo cierta renuencia a la idea de matarla por respeto a Diágoras y a sus hijos, habida cuenta de que toda la familia de la atrevida mujer estaba compuesta por vencedores olímpicos; se decidió así perdonarla, pero se promulgó una ley que obligaba al gimnasta [esto es, al entrenador] a desnudarse y someterse a una revisión.

Según cuenta Filóstrato, desde la Antigüedad las mujeres se vieron obligadas a ocultar su feminidad disfrazándose de hombres para que las tomaran en serio calzadas con zapatillas de deporte.

Ferenice, la valerosa boxeadora, llamada, según otras fuentes, Calipatira, fue la primera mujer de la historia en competir con hombres. La última —eso esperamos— fue la legendaria Kathrine Switzer, la primera mujer que corrió un maratón oficialmente masculino, el de Boston de 1967, gracias a la estratagema de inscribirse utilizando solo las iniciales de su nombre, K. V. Switzer, y de ese modo obtuvo el dorsal 261 solo porque la tomaron por un hombre.

Nacida en Alemania en 1947 de padres estadounidenses, Kathrine corría desde la adolescencia en equipos masculinos de atletismo, a falta de cualquier *team* universitario de chicas. Por entonces, el Comité Olímpico impedía a las mujeres correr distancias superiores a los ochocientos metros basándose en prejuicios de taberna según los cuales, y citamos a la propia Switzer, «una mujer demasiado dada al deporte corre el riesgo de verse con piernas gordas y pelo en el pecho y que se le caiga el útero».

El 19 de abril de 1967, el día de la prueba, Switzer se presentó en la línea de salida del maratón orgullosamente maquillada y con los labios pintados de rojo; como muestra de solidaridad, a su lado iban su entrenador y su novio, campeón de lanzamiento de martillo. Al sexto kilómetro, uno de los organizadores de la carrera le ordenó en tono perentorio que se detuviera y el propio director de la competición llegó a lanzarse literalmente encima de ella en su afán de arrancarle el dorsal, mientras le gritaba: «¡Fuera de mi carrera!». Las imágenes han pasado a formar parte de la historia del deporte y del movimiento feminista.

Según parece, Switzer le había dicho a su entrenador: «Voy a acabar esta carrera de rodillas si es preciso, pero tengo que acabarla; si no, nadie me tomará en serio». Al llegar al final del maratón, la recompensa que obtuvo fue la descalificación oficial y la suspensión de la federación estadounidense de atletismo, firmemente decidida a mantener la prohibición de que las mujeres participasen en la carrera de fondo.

Desde aquel día de abril en Boston, Kathrine Switzer no ha dejado en ningún momento de luchar activamente y de militar en defensa de la igualdad plena de las mujeres en las competiciones deportivas; en 1972 corrió un segundo maratón en Boston y en 1974 ganó el maratón de Nueva York con un tiempo magnífico de 3:07:29, hasta que en 1984, en Los Ángeles, tuvo lugar finalmente el primer maratón olímpico femenino.

El 17 de abril de 2017, a la edad de setenta años y medio siglo exacto después de su histórica primera participación, Kathrine Switzer corrió por novena vez el maratón de Boston, llevando en el pecho el mismo dorsal, el número 261, con el que compitió en 1967.

De modo que debe de ser esto lo que los griegos llamaban κλέος (*kléos*), es decir, la «gloria» que impulsaba a los héroes de Homero a medirse unos con otros en el campo de batalla aun a costa de su vida, la «fama» capaz de hacerlos inmortales porque estaba destinada a transmitirse de padres a hijos. Solo que en el caso de Kathrine Switzer se trata de un heroísmo inmortal que se transmite de madres a hijas.

De los cuerpos femeninos camuflados pasamos a los cuerpos de las mujeres expuestos, sexualizados, desnudados.

En Atenas, Solón había promulgado una ley que imponía la obligación de practicar el deporte a todos los jóvenes, a excepción de los esclavos; a los jóvenes de sexo masculino, por supuesto, pues las mujeres tenían prohibido el acceso a las palestras. No obstante, si bien en la mayor parte de las πόλεις (*póleis*) la carrera estaba reservada únicamente a los hombres, Esparta constituía, como siempre, la excepción; no solo se recomendaba ampliamente el deporte en la educación de las muchachas jóvenes para que dieran a luz hijos sanos y robustos, sino que además existía una competición reservada a las mujeres, llamada ἐνδρομίς (*endromís*), y compuesta de pruebas de carrera, de lucha, de salto, de lanzamiento de peso y de jabalina. Con una particularidad sorprendente, que cuenta Plutarco: las mujeres tenían que exhibirse en público en estado de desnudez absoluta.

Más de dos mil años después, el hecho de que la mayor parte —vaya, casi la totalidad— de la poca literatura existente acerca del arte de correr sea obra de hombres nunca me ha molestado mucho, o por lo menos no al principio, y ello no sé si por mi carácter optimista, rayano en lo naíf, a la hora de interpretar el mundo, o por la cobardía de la que hablaba al comienzo de este libro; creo más bien que por esta última hipótesis, que siempre me ha frenado a la hora de enfrentarme con seriedad a la tarea de cambiar las cosas, confiándosela a un «espíritu del tiempo» tan genérico como vago.

Antes de empezar yo también a correr, la heroica iniciativa de Kathrine Switzer no me había inspirado nunca gran cosa; sí que me había conmovido, y mucho, pero la emoción generalizada ante las grandes conquistas de unos pocos hombres y mujeres libres es quizá el veneno que luego impide a todos los demás comprometerse activamente. Ya sabía yo que era gracias a Switzer por lo que podía inscribirme hoy en cualquier tipo de prueba organizada en cualquier parte del mundo, desde los cien metros hasta los *ultra trails* de centenares de kilómetros a través de los bosques; desde luego la recordaré con emoción y llena de gratitud, del mismo modo que recuerdo con emoción y llena de gratitud a las sufragistas que lucharon para garantizarme el derecho de voto, pero poco más, y nada por encima de la superficialidad.

Los atuendos de jogging propuestos a la clientela femenina por todas las marcas deportivas y no solo deportivas, muchísimos de ellos en colores pastel y casi todos tan sexis que podrían considerarse rayanos en el porno, no solo no me han escandalizado nunca, sino que, durante algún tiempo, incluso han hecho que me enorgullezca de mi sexualización inconsciente.

Como desconocía por completo el feminismo, y desde luego muchas otras cosas, no me había dado cuenta, mientras corría envuelta en unos pocos centímetros de nailon rosa —uno de los colores que actualmente están más de moda en los gimnasios que en las guarderías—, de que todo ese afán de exhibición y de ostentación no era fruto de una libre elección personal, sino casi la única posibilidad que ofrecían las marcas de moda a las corredoras aficionadas, obligadas sin saberlo a financiar una industria que quiere que resulten sensuales, como muñecas, incluso cuando están sudando y cojeando bajo el sol, a los ojos de los hombres, deslumbrados con la seriedad minimalista de los grandes campeones (incluso cuando no lo son, ni mucho menos).

Nada nuevo bajo el sol de la misoginia más insidiosa, porque resulta difícil de descifrar; en una de las poquísimas obras de arte que representan a las atletas de la Antigüedad, las mujeres aparecen luciendo unos sucintos bañadores. Más parecido a un concurso de belleza que a un entrenamiento deportivo, se trata del famoso mosaico del siglo IV d. C. de la Sala de las Gimnastas, una de las estancias de la villa romana del Casale, cerca de piazza Armerina, en Sicilia. Las representadas son nueve atletas hermosísimas, de forma deslumbrante y extraordinariamente moderna, que están pasándose la pelota, lanzando el disco o ejercitándose con pesas en actitudes sexis y provocadoras. No sabemos nada acerca de estas mujeres, ni sus especialidades ni las medallas ganadas o perdidas, solo que van vestidas con lo que se considera el primer biquini de la historia del arte.

La última toma de posición sobre el asunto a escala mundial, en cambio, ha sido la de la selección nacional alemana de gimnasia artística, que decidió presentarse a los Juegos Olímpicos de Tokio vistiendo un chándal completo —opción prevista habitualmente por motivos religiosos—, en vez de lucir los ceñidos bodis de lentejuelas resplandecientes que han contribuido a la fama de este deporte. «Queríamos demostrar que cualquier mujer y cualquier persona debería poder decidir qué ropa se pone», comentó la campeona Elisabeth Seitz, exigiendo un respeto reclamado ya por las jugadoras de voleibol playa, es decir, el respeto de ser reconocidas como atletas más allá de los centímetros de piel que puedan ofrecer a la vista del público.

En la Antigüedad, los varones espartanos asistían a las competiciones deportivas para evaluar sin empacho los cuerpos desnudos de las atletas y escoger entre ellas a sus futuras esposas, como en un mercado de estética de la carne femenina. E incluso hoy en día no son pocos los deportes femeninos que los hombres afirman que siguen por la tele únicamente por el placer de admirar un buen par de glúteos duros asomando por debajo de los shorts.

Por mi parte, siempre me ha encantado seducir, haciendo un amplio uso de mi cuerpo por encima de mi cerebro. No obstante, lo que no sabía yo hasta que empecé a sentirme literalmente indecente mientras corría, igual que decía sentirse Platón ante el espectáculo de las atletas semidesnudas, es que a menudo el cuerpo de las mujeres acaba siendo sexualizado *a priori*, sin que ni siquiera nos demos cuenta; parecemos sexis no ya porque hayamos decidido libremente serlo, sino porque alguien lo ha decidido por nosotras; y nosotras casi ni nos damos cuenta, de tanto como se ha imbuido y se ha inculcado en nuestra mentalidad, mientras los hombres, hasta los más instruidos y evolucionados, disfrutan del espectáculo que les ofrece el sistema ideológico dentro del cual hemos nacido y nos hemos criado todos.

Sobre las aceras de París, como sobre el polvo de Esparta, el cuerpo humano femenino que realiza una actividad física no es visto solo como lo que es —un

conjunto de músculos, de ligamentos, de fatiga y de resistencia, en absoluto distinto, en el momento de hacer
un esfuerzo, del de un hombre o del de un animal—,
sino, una vez más, como una especie de exhibición puesta en escena para entretener, para excitar, para suscitar
curiosidad o reprobación, y en general para expresar un
juicio de naturaleza erótica o estética.

Ha sido esta una toma de consciencia que me ha in-
quietado mucho.

Después de entenderlo y de deshacerme de la hipocresía, por supuesto que no he dejado de ponerme
los pantalones cortos ni de comprar en las tiendas
de las grandes marcas deportivas, pero he empezado
a ser consciente de ello; ahora el juego de la seducción lo dirijo yo. Soy yo la que decido a quién voy a
seducir, cuándo voy a seducirlo y cómo voy a seducirlo. Y nunca me he sentido tan libre, de correr y de
ser sexy.

También en nombre y a cuenta de las bellas muchachas del mosaico siciliano, y de todas las demás que
han contribuido a construir la historia del deporte.

La verdadera colisión, por lo demás tremenda, con
mi condición de mujer, escritora y corredora diletante ha tenido lugar cuando he sentido por primera vez
el deseo de ser madre.

En este sentido, nuestro Filóstrato se atreve a escribir lo siguiente en su *Gimnástico*:

Hay un aspecto aún más antiguo que este, que ya tuvo en cuenta el espartano Licurgo. Como quería dar a Esparta atletas entrenados para la guerra, dijo: «Que se entrenen también las chicas y que se acostumbren a correr en público». Sin duda, para tener buena descendencia y para dar a luz hijos mejores es bueno robustecer el cuerpo; y, además, una mujer que se ha ejercitado desde su juventud, cuando se case con un hombre será capaz de acarrear agua y no se negará a moler el grano. Si, además, esta chica se une a un hombre joven y bien preparado físicamente, parirá hijos mejores: más altos, más fuertes y más sanos. Así de poderosa llegó a ser Esparta en la guerra, gracias a que sus matrimonios se realizaban entre personas de este tipo.

No soy en absoluto propensa a ninguna de las modalidades del relativismo histórico contemporáneo, según el cual los griegos eran unos misóginos sexistas a los que habría que condenar a la hoguera, al igual que a sus textos; tengo la firme convicción de que las palabras *cancel* y *culture* no pueden aparecer en la misma frase si no es a riesgo de que la primera trace una raya imborrable sobre la segunda, empeorando todavía más las cosas. Aun así, no puedo negar que las palabras de Filóstrato, hijo (mimado y malcriado) de su tiempo, como todos los demás autores más o menos antiguos, hacen ahora que me estremezca, más de nerviosismo que de desconcierto.

De jovencita me costaba trabajo entender que Simone de Beauvoir reclamara para sí misma la libertad de ser escritora y no madre, ratificando la incompatibilidad de ambas cosas.

Siendo ya una mujer adulta, un día de repente me explotó entre las manos el dilema, como si de una mina cobarde se tratara, que hubiera pisado por casualidad paseando por un parque. Y se complicó todavía más debido a la tercera posibilidad que, ingenua de mí, abrigaba yo en mi cabeza, agravando fatalmente el cuadro: la voluntad de ser escritora y madre y también de correr un maratón.

Aunque ahora no soy capaz de expresar una opinión acerca de la dicotomía maternidad/escritura —aunque abrigando en alguna parte recóndita de mí la angustiosa sospecha de que De Beauvoir tenía razón y de que todo lo que estoy escribiendo ahora no es más que el preludio de un fracaso seguro, personal y literario—, lo que sé con seguridad es que física y biológicamente es imposible soportar la carga de entrenamientos prevista para correr un maratón cuando una está embarazada o cuando se está programando un embarazo.

No dudo que pueda haber en el mundo muchísimas excepciones a esta tesis y que hay mujeres embarazadas capaces de correr más de trescientos kilómetros al mes. No obstante, al margen de lo que dijera Licurgo en Esparta, combinar el proyecto de un maratón con el de un embarazo está claramente desaconsejado por la casi totalidad de los médicos existentes. Desde un punto de vista científico, da la impresión de que la gran intensidad del esfuerzo que comporta correr distancias largas interfiere en el equilibrio hormonal de la mujer y, por consiguiente, en la feminidad, al menos biológica, que segregan los ovarios.

El día más cruel fue aquel en el que descubrí todo esto en internet, un poco por casualidad: no cabe esperar artículos especiales sobre «embarazo y running» en las revistas dedicadas a este último; resulta, en cambio, paradójico que sean los textos clásicos los que hablen del asunto, aunque estén equivocados.

Fue la primera vez en mi vida en que, de manera imborrable y dolorosa, me vi obligada, como quien dice forzada, a descartar un proyecto en el que creía profundamente solo por el hecho de haber nacido mujer, y sin poder hacer nada, absolutamente nada, al respecto.

No fue solo el dato biológico lo que me sobrecogió; que una buena parte de mí sea fruto de la danza de las hormonas que, una vez al mes, hacen que sea capaz de crear la vida, era algo que hacía ya mucho tiempo que sabía y de lo que siempre me he enorgullecido.

Lo que me hirió como a un animal fue comprender el carácter inevitable de la elección que se me planteaba: o el maratón o mi deseo de maternidad, *aut aut*.

Desde luego habría podido planificarme y saber gestionar los tiempos, vivir ambos proyectos en momentos distintos, pero eso no cambiaba nada; por el solo hecho de ser mujer tenía que someterme a la rendición y elegir. Aprender, pues, a aguantarme, a «no negarme» a hacer esfuerzos, como decía Filóstrato, pensando en engendrar una prole sana y robusta.

En este caso, Simone de Beauvoir tiene razón, al menos por lo que respecta a la dicotomía maternidad/carreras.

Y quién sabe cuántas otras dicotomías, cuántos otros *aut aut* incompatibles, hay ahí fuera, a la espera de darnos a las mujeres de lleno, en la cara.

Esta idea me ha atormentado durante mucho tiempo.

No tanto por tener que abandonar por una vez en la vida mis ansias de control de los acontecimientos y, por consiguiente, renunciar a planificar las cosas, sino por el contrapeso lógico del chantaje que representa; si hubiera nacido hombre, este cambio banal de programa a lo largo de mi biografía no habría tenido razón de ser.

Por no hablar del carácter lúdico de lo que es la concepción desde el punto de vista masculino; un hombre puede pasarse nueve meses apretando la mano de su compañera encinta, pero el embarazo, el cambio, la lucha, la vida no pasan directamente por su cuerpo; de hecho, son cosas que no puede *sentir*.

Por supuesto, puede imaginárselas, puede recurrir a toda la empatía del mundo, pero no puede experimentarlas físicamente recurriendo a sus cinco sentidos. De hecho, queda excluido; si así lo desea, puede correr un maratón todas las semanas; nada de lo que decida hacer con su cuerpo, para bien o para mal, influye en la salud del niño.

No sé qué harían para soportar todo esto las mujeres espartanas; por mi parte, yo no había sentido nunca la distancia entre los dos sexos de forma tan clara, tan nítida, tan inmutable.

Es absurdo, pero durante aquellos días en los que iba yo rumiando la necesidad de elegir entre correr un maratón y mi deseo de ser madre, nunca me faltó tanto mi compañero, aunque estaba sólidamente junto a mí; me habría gustado muchísimo pedirle que me ayudara, pero no estaba en su mano. Ni biológica ni físicamente podía correr ni quedarse embarazado en mi lugar. Podía comprender y lo hizo al máximo de sus posibilidades, pero no podía sentir: la comprensión basada en la misma experiencia de la vida que nos ha unido siempre, en este caso estaba negada *a priori*.

Dicen que nunca estamos tan solos como cuando corremos. Yo, en cambio, me he sentido sola antes incluso de pensar en ponerme a correr.

Al final, he decidido en cualquier caso intentar mantenerlo todo junto: carreras, escritura, feminidad. Consciente, a todas luces, de mis límites.

Si el resultado es inferior —y no cabe duda de que lo será, mi rendimiento al término del maratón no será digno de ser recordado, y muy probablemente este libro correrá la misma suerte—, por lo menos podré decir que el límite lo he fijado yo y no un señor Licurgo cualquiera.

El mes de julio ha dado comienzo; los días empiezan a acortarse aunque nadie se dé cuenta; hace semanas que París se ha vuelto tan gris y lluvioso que parece una Bretaña sin mar ni luz. Mi compañero se ha ido al sur, así que, para domesticar la nostalgia, no he encontrado nada mejor que hacer que seguir corriendo.

Me parece increíble, a ratos conmovedor por su desconcertante ingenuidad, hasta qué punto correr se ha convertido para mí en la respuesta tajante a cualquier accidente, grande o pequeño, de la vida. ¿He tenido un día caótico y enervante? Pues salgo a correr. ¿Mañana me aguarda una cita importante? Mejor me echo una carrerita para distender los nervios. ¿Estoy tan feliz que no sé dónde meter toda esta alegría? Unos kilómetros sobre el asfalto y la disfrutaré más aún. ¿Estoy triste, enfadada, confusa, desganada o frustrada? Media hora de carrera es más que suficiente para diluir cualquier negatividad en una especie de tregua, ya que no se me concede la paz. De hecho, hace tres años que, me pase lo que me pase, yo respondo: «¡Pues salgo a correr!». Esta es la única estrategia de resolución de problemas que conozco; y sobre todo, en mi caso, la única que funciona.

Hoy es domingo y el running se ha convertido en el hobby por excelencia de los días de fiesta, el lujo supremo, el motivo de orgullo de disponer no solo de tiempo libre de obligaciones, sino también de querer emplearlo en fines tan nobles como correr, despertándonos temprano y sustrayéndonos a los vicios del cuerpo y del espíritu. Estoy tan orgullosa que ayer por la noche, un sábado de verano en Montmartre, cuando me fui a la cama a las diez me regodeaba ya en la idea de la carrera que iba a echarme esta mañana a primera hora, a lo largo de uno de mis itinerarios preferidos; si hace unos años me hubieran dicho que este, y no los cócteles, las cenas y las sobremesas, se iba a convertir en mi máximo placer, no sé si me habría echado a reír o si me habría preocupado seriamente por mi estabilidad mental.

Quince kilómetros a ritmo ligero, a lo que en nuestra jerga se llama «ritmo de rodaje» o ritmo lento y continuo, un esfuerzo moderado que permite al corredor tener todavía en los pulmones fuelle suficiente para hablar (aunque a mí nunca me ha ocurrido tener algo interesante que decir mientras corro) y que en las largas distancias puede una mantener sin reventar. Para mí se trata de la carrera «larga» semanal, la que permite a una recuperarse del esfuerzo y al mismo tiempo sacar provecho de los entrenamientos más cortos, pero más intensos, hechos entre semana; es mi preferida porque, en cuanto supero el umbral de los cinco kilómetros, no solo corro bien, sino que sobre todo abrigo la esperanza de dejarme llevar por el famoso flow, *que, al menos en mi caso, no se manifiesta nunca si no he hecho un calentamiento más que suficiente y, sobre todo, si todavía no se me ha olvidado el esfuerzo de empezar a correr; se diga lo que se diga, la carrera*

*sigue resultándome difícil, siempre antinatural respecto
a la normalidad pacífica del caminar.*

*Para este fin de semana he escogido el parque de la
Villette, el menos parisino de los parques de París y ex-
trañamente mi preferido, hasta tal punto que siento nostalgia de él cuando paso mucho tiempo sin ir hasta allí.
Por la mañana, sobre todo los fines de semana, esta zona
verde muy urbana y muy poco haussmanniana del dis-
trito XIX se transforma en la meca del running de París:
hombres, mujeres, chicos jóvenes, algunas veces incluso
niños, venimos aquí todos a correr. Hay quien corre con
su perro, quien lo hace con ropa de* trail, *hay bomberos del
barrio que se entrenan corriendo, están los equipos de
corredores, hay gente joven y gente mucho menos joven; a
las diez de la mañana, como si de una cita implícita se
tratara, los runners nos encontramos aquí, delante de la
gran esfera plateada (en cuyo interior hay un cine) inau-
gurada en los años ochenta por François Mitterrand, tan
contentos de sudar, de cansarnos, de recorrer kilómetros y
kilómetros esquivando las botellas de cerveza de las fiestas de la noche anterior.*

*Será banal e incluso un poco patético, pero este es tam-
bién uno de los motivos por los que estoy tan contenta de
venir a correr a la Villette el sábado o el domingo: la sensación de comunidad. En la vida siempre he tenido difí-
cultad para sentir que pertenezco verdaderamente a algo;
he sido infiel a todas las ciudades en las que he vivido
antes de llegar a París, no me he hecho nunca de ningún
equipo, de ningún grupo, de ninguna hermandad, de
ningún partido político; incluso en el campo de la afición
al fútbol he tenido más de una inseguridad respecto a un
equipo u otro. En cambio, cuando corro aquí, me siento*

orgullosamente parte de la comunidad heterodoxa de los runners; aunque no conozca nada de mis compañeros de carrera, ni su profesión ni su procedencia, ni siquiera su nombre, sé que compartimos algo más intenso que un puñado de datos biográficos. Sé que ellos, estos señores y estas señoras envueltos como yo en tejidos deportivos y calzados con zapatillas futuristas, pueden entender lo que siento cuando corro; no necesitan imaginárselo, lo sienten también ellos. A veces pienso que sería increíblemente fácil hacernos amigos, y quizá compartir una parte del recorrido de nuestra existencia, porque gracias a este elemento que tenemos en común, la carrera, nos conocemos de hecho ya y compartimos muchas más cosas, y cosas de valor, en comparación con cualquier encuentro fortuito en el que lo ignoramos absolutamente todo de la otra persona.

Me dicen que ocurre lo mismo entre los motoristas, que, en efecto, cuando se cruzan por la calle se saludan como señal de pertenencia a una comunidad particular y exclusiva frente a los automovilistas encerrados en su cajita de chapa; todavía no me he abandonado a la locura de saludar a todos los runners con los que me cruzo por la mañana, pero alguna que otra mirada, casi siempre complacida, orgullosa, eso sí que recibo a menudo.

Efectivamente, si corro y sobre todo si sigo corriendo es también gracias a ellos, a todos los corredores con los que me he cruzado durante mis carreras matutinas, tanto si han sido breves como si han sido largas; ver a unos perfectos desconocidos resistir y no detenerse me ha motivado a no detenerme tampoco yo; cruzarme con alguien que está corriendo bajo la lluvia me ha hecho sentir menos sola y menos loca; adelantar a alguien más lento que yo me ha recordado la compasión por mí misma que no he

sabido concederme en los primeros momentos, y ser ade-
lantada por alguien más en forma me ha motivado para
apretar más todavía y utilizar las piernas más a fondo.

En resumen, si corto la cinta de la meta del maratón
de Atenas, será también gracias a todos los runners que
me han motivado simplemente corriendo junto a mí.

Así que hoy carrera larga, en cualquier caso positiva. Así
que hoy he sido feliz, como lo soy prácticamente siempre que
corro aquí. La nostalgia no se me ha pasado, pero por lo
menos se ha vuelto más amable. Puedo por tanto volver a
casa satisfecha, a la espera del próximo incordio al que
responder: «Gracias, pero es que voy a salir a correr».

6

Todavía no he entendido si correr es en nosotros un instinto natural.

No estoy muy segura de que, a falta de una motivación psicológica fuerte —mi miedo a envejecer, o sea, mi terror a morir—, continuaría corriendo con regularidad y constancia solo porque mis células lo reclaman naturalmente desde algún sitio; más aún, tengo serias dudas al respecto.

Corriendo se me ha pasado más de una vez por la cabeza preguntarme si la carrera debe ser considerada una necesidad natural del cuerpo o, por el contrario, una imposición completamente mental, por muy agradable que resulte en muchos casos; si son las piernas las que quieren de forma natural correr para vencer la postura sedentaria, antinatural, que nos vemos obligados a adoptar una gran parte de nuestros días o si, por el contrario, es el cerebro el que obliga a los pies a continuar insistiendo en un esfuerzo contrario a su naturaleza.

No estoy hablando de la pereza de preferir el sofá a la carrera después de la oficina, ni de la tenacidad de querer llevar a cabo un maratón. Me gustaría más bien entender de dónde proviene este deseo repentino de correr que ha transformado a la sociedad occidental en una especie de inmenso equipo de atletismo sin distinciones sociales ni basadas en datos consignados en el registro civil; si procede de la cabeza, es decir, de toda una serie de motivaciones psicoanalíticas que Freud sabría explicar mejor que yo y que en aras de la brevedad pueden resumirse en la frase tan sencilla como banal «es algo que me hace estar bien», o si, por el contrario, proviene del cuerpo, que reclamaría el running con la misma naturalidad con la que nos obliga a obedecer a inmutables necesidades físicas como comer, beber o dormir.

A un nivel más general, ya sea político o sociológico, me gustaría comprender si la forma que tenemos actualmente de considerar la carrera es en realidad el reflejo del «deporte más democrático» que existe, como no dejan de repetir a todas horas los runners que, llenos de convencimiento por haber hecho un puñado de kilómetros cerca de casa, se sienten todos un Che Guevara en el actual panorama deportivo, cada vez más refinado y caro, o si, por el contrario, es fruto de cierta ideología que quiere que las mujeres y los hombres sean cada vez más guapos, más jóvenes, más sanos y más delgados durante más tiempo, y que, de hecho, más que pioneros, nos hace esclavos del deporte.

Así pues, ¿estamos todos hechos por naturaleza para correr o, por el contrario, el objetivo último de nuestro organismo es la inmovilidad, el estado de reposo cuando no hay estímulos externos? Y las piernas,

¿sirven para recorrer el ámbito ignoto de la calle o para estarse quietas contemplando el panorama con toda seguridad y sobriedad?

Tramps like us, baby, we were born to run, cantaba Bruce Springsteen. En la Grecia del siglo III d. C., Filóstrato era de la misma opinión: el deporte sería algo connatural al hombre; la carrera, la lucha y el pugilato habrían llegado al mundo con la aparición del primer ser humano sobre la tierra. El motivo de su invención habría que rastrearlo hasta el nacimiento mismo del hombre: «Del mismo modo que el origen del arte del herrero se encuentra en el hierro y en el bronce, o el de la agricultura en la tierra y sus productos, o el de la navegación en el mar, igualmente hemos de considerar que la gimnástica tiene un origen y un desarrollo común al del ser humano».

Y no solo eso: el filósofo cuenta que el primer atleta de la historia fue Prometeo, aquel que dio comienzo a la civilización humana robando el fuego a Zeus para dárselo a los hombres. Su entrenador habría sido Hermes, ni más ni menos, el creador de la primera palestra, que luego transmitió sus enseñanzas al titán rebelde; los primeros hombres que pisaron la tierra, todavía débiles y con pasos vacilantes, habrían aprendido a ejercitarse en el fango bajo la supervisión del propio Prometeo, convencidos de que el deporte volvería a sus miembros apropiados y suficientemente robustos para la vida.

Está clarísimo: desde el día mismo de la creación, para quien sea creyente, o desde la última etapa de la evolución, para quien abrigue dudas, habría que entender el deporte como una conquista extraordinaria de la civilización. La invención de la gimnasia representaría la superación del estado primitivo, animal, que obliga al cazador a correr para perseguir a su presa o al más débil a escapar del más fuerte. Una gran conquista democrática, en cierto modo, porque gracias al entrenamiento todos seríamos igualmente capaces de huir del enemigo o de conseguir la comida sin necesidad de ser protegidos, o aplastados, por el más fuerte y musculoso de la manada. En cualquier caso, según los científicos, debió de ser la capacidad de correr, y no la posición erguida, lo que constituyó el verdadero resorte evolutivo que permitió hace millones de años el paso del *Australopithecus* al *Homo habilis*, dando inicio al camino, o mejor dicho a la carrera, de nuestra especie.

Siguiendo el hilo de esta hipótesis, a partir de Prometeo, el héroe civilizador por antonomasia, el deporte sería para el hombre un medio de emancipación y de progreso, la liberación del estadio primitivo, no evolucionado, de una sociedad salvaje dominada por la tiranía del más fuerte y por la sumisión del más débil. Por lo demás, la carrera como instrumento —mejor dicho, como marcha triunfal— hacia la libertad es una de las metáforas más conocidas de la historia del cine a partir de la película *Cadena perpetua*, basada en un relato de Stephen King; nunca se ha visto un preso que no eche a correr de alegría una vez que ha roto sus cadenas.

Sin embargo, este razonamiento —más músculos para todos, o sea, más libertad para todos— no acaba de convencerme del todo o, por lo menos, no hoy en día; a menudo tengo la impresión de que en muchos casos, incluido el mío, el deporte no se ha convertido en una puerta abierta de par en par, sino en una jaula en la cual nos introducimos voluntariamente. Será por las expresiones un tanto grises y por el tono de resignación con que los runners empeñados en preparar una carrera hablan de sus entrenamientos —«hoy me toca la sesión larga», «mañana tengo que hacer los intervalos»—, comentarios en los que se entrevé más una especie de resignación de cola en la oficina de Correos que un auténtico entusiasmo. Será por los llamamientos constantes e irremediables, rayanos en el acoso, con los que las instituciones y los medios de comunicación nos recomiendan que hagamos ejercicio para mantenernos sanos. O más sencillamente será porque al correr sufrimos, a veces mucho, mientras que la satisfacción de una necesidad natural, desde el hambre hasta el sueño o el sexo, procura contento y placer.

Sea cual sea el motivo, cuando por la mañana me veo metida en auténticos «atascos» de runners ante el semáforo a orillas del Sena, todos alineados en fila india a la espera de que se ponga verde, sudados y cansados, con nuestra vestimenta de rigor, tengo la impresión de que todos estamos obedeciendo religiosamente a no sé qué orden perversa; o de que, al correr, estamos expiando una penitencia que nos permitirá vivir después con más alacridad el curso normal de nuestros días.

A partir de la evolución inicial, del arranque de libertad y de progreso, desde los últimos treinta o cuarenta años todo este afán por el deporte, más que liberar a nuestra sociedad occidental (¿de qué?, por otra parte), parece de hecho subyugarla y esclavizarla.

Jugando con las tragedias de Esquilo, el recorrido inverso desde *Prometeo liberado* a *Prometeo encadenado* es un instante; o quizá soy yo la que soy demasiado pesimista sencillamente porque estoy harta de correr.

Tengo un cuerpo.

Una frase tan sencilla y evidente que parece incluso cosa de locos escribirla así, verbo, predicado y nada más. Sin embargo, juro que antes de dedicarme a correr no sabía que tenía un cuerpo; la verdad es que no sabía tampoco que tenía ideas, pero son tantas las cosas que me ha enseñado el running que a menudo me pregunto qué sabía de mí misma antes de ponerme a correr.

Ninguna otra actividad que haya practicado en mi vida me ha llevado tan cerca de mi consciencia física: ni viajar, ni comer ni hacer el amor; por no hablar de escribir, acto en el que precisamente nos olvidamos del cuerpo durante meses y aun años.

Me refiero a que estaba ya perfectamente al corriente de que tenía dos piernas, dos brazos, dos manos y todo lo demás desde que, como todos, creo yo, empecé a abrir los ojos y a catalogar exteriormente a los seres humanos para distinguirlos de los gatos, de las plantas y de los mosquitos; o tal vez en cierto modo ya lo sabía desde que iba tomando las medidas en el vientre de mi madre.

Lo sabía, pero no lo sentía. Mi cuerpo físico, ufano de una salud escandalosa, no me ha dado nunca ni preocupaciones especiales ni principios mediocres de

análisis filosóficos. Me ha parecido siempre algo matemático el hecho de que estuviera en todo momento
a mi servicio para ejecutar lo que yo tuviera la intención de hacer —incluido aquello que no habría debido
hacer—, sin darme motivo alguno de estupor, que for-
mara parte del orden natural de las cosas, como el sol
que alumbra, el cielo sobre nuestra cabeza, o el olor de
crema solar en verano.

Además, como buena heredera de la cultura occidental de matriz judeocristiana, siempre me ha parecido que reviste poquísimo interés, por no decir nulo, el
trajín de las células de las que estoy hecha, si no se estu-
dian en un libro de biología, y una actividad casi vulgar,
y desde luego demasiado mundana, dedicar un tiempo
excesivo a los mecanismos del cuerpo restándole instantes valiosísimos a la ejercitación de mis neuronas.

Si desde hace dos mil años, me decía a mí misma, el
cuerpo no es en Occidente más que el contenedor,
el *tupperware*, del alma, más vale destinar todos los
esfuerzos a esta última. Solo recuerdo, de forma muy
vaga, que en cuanto empecé el liceo clásico renuncié
sin ninguna pena ni añoranza a los entrenamientos
de natación; mejor dicho, lo hice con bastante orgullo por arrancarle al deporte unas cuantas horas más
para consagrarlas en el altar del griego y el latín, y,
sinceramente, todas las tardes me sentía incapaz de
encontrar tiempo para hacer otra cosa que no fueran
deberes y traducciones y preparar exámenes.

Cuando empecé a correr fue como si se me hubiera
abierto una ventana sobre la materia de la que estoy

hecha, y de la que estamos hechos todos. De repente, y por primera vez, no podía darse ya por descontado que mis piernas, mi corazón y mis miserables pulmones fueran a hacer lo que les pedía que hicieran, y, efectivamente, durante un tiempo larguísimo por desgracia no lo hicieron.

De golpe, mi cuerpo empezó a existir corriendo; ahí estaba, me pedía un montón de cosas, comer, descansar, entrenarme, respetarlo en general; me contaba cosas de mí y de mi pasado; me obligaba a escucharlo sin remedio.

Por primera vez mi cuerpo estaba ahí y tomaba la palabra, yo oía su voz; acostumbrada como estaba desde siempre a permanecer dentro de mi cabeza y en mis pensamientos; me obligó a preguntarme quién era yo en realidad, aparte de cuatro neuronas muy simpáticas. Fue un poco como si alguien se hubiera entretenido desplazando la cámara a través de la cual estaba acostumbrada yo a contemplar el mundo; dirigida desde siempre hacia el exterior de mí, obstinada en catalogar, comprender y destruir, cuando me puse a correr el enfoque se dirigió de repente hacia el interior de mí misma, hacia la materia de la que estoy hecha.

De jovencita, la antigua Grecia me enseñó, gracias a Homero, Platón, Esquilo y todos los demás, que yo tenía una cabeza y que valía la pena usarla. De mujer adulta, un par de zapatillas de deporte me enseñaron que tenía un cuerpo y que existía la posibilidad de hacer de él algo más que la mera sede de mi cerebro.

Sobre la naturaleza no sé muy bien qué decir, pero sé que tanto el griego antiguo como correr me han demostrado que se puede y se debe entrenar una actitud para estar bien y, en definitiva, para sacar algo mínimamente provechoso para nosotros.

En la vida llega un momento en el que estar dotados de un talento cualquiera ya no basta y resulta incluso ridículo esperar que podamos seguir sacando provecho de ese puñado de inclinaciones con las que hemos venido al mundo sin entrenarlas con constancia; en el supuesto de que, con anterioridad, hayamos tenido la suerte de descubrirlas.

No sé si se trata del síntoma más evidente del comienzo de la vejez, pero, en un determinado momento y sin previo aviso, los graneros de talento a los que siempre hemos recurrido con arrogancia a manos llenas empiezan a quedarse vacíos; tremendo es el horror de descubrir que están agotados, que son limitados, insuficientes; onerosa, pero necesaria, es la tarea de ponernos de nuevo a rellenarlos con el entrenamiento y la entrega física o intelectual.

El acto de recorrer a la carrera largas distancias, cuando no hay peligros evidentes de los que huir, difícilmente puede ser considerado un gesto peculiar de la especie humana; y no dudo que un guepardo, al vernos correr sobre aceras de cemento con nuestros auriculares y nuestros leggins fosforescentes, nos tomaría por locos. Me resulta igualmente difícil creer que pasar seis horas o más al día enfrascados en un diccionario de griego editado en caracteres diminutos de amanuense o traducir tragedias que hablan de infanticidios y de incestos sea la manera más espontánea de ocupar la adolescencia.

Como casi nunca he encontrado a un alumno de enseñanza secundaria loco de alegría por seguir encadenado a los manuales del liceo clásico, creo que tampoco he oído nunca a ningún corredor cantar las alabanzas de la belleza de correr mientras está corriendo; basta mirar los gestos que todos hacemos mientras corremos, desde el runner dominguero hasta Usain Bolt, tan retorcidos como los de Laocoonte, y de los que todos nos avergonzamos un poco. Curiosamente son los mismos que, en cuanto agarramos el diploma y nos quitamos las zapatillas después de una carrera, se ponen a cantar las alabanzas de la presunta superioridad moral de los estudios humanísticos o del noble arte del atletismo.

Natural o no, la paradoja resulta clara: nunca somos felices cuando estudiamos o cuando corremos. Lo somos cuando dejamos de hacerlo. Y mucho.

Mientras escribo estas palabras no sabría decir con exactitud cuántos son los estudiantes de este planeta que se dedican a los estudios humanísticos. Pero sé, con los datos en la mano, que todos los años se venden en todo el mundo más de mil millones de zapatillas de running.

El esfuerzo en ambos casos es considerable; la constancia impuesta, heroica. Personalmente, cuando empecé a correr y temía seriamente que fuera a morirme de sofoco o de infarto a los pocos minutos de estar en la calle, nada me dio más fuerzas para continuar —mejor dicho, más esperanza de supervivencia— que el recuerdo de los cinco años que pasé traduciendo griego antiguo desde las ocho de la mañana, hora a la que hoy en día no sabría ni siquiera decir cómo me llamo.

Correr forma, pues, parte de las pocas actividades humanas que funcionan por cesación; el mayor placer no viene dado por el acto de continuar haciendo algo, sino por el de dejar de hacerlo.

Igual que el matrimonio, comentó irónicamente un amigo.

> SÓCRATES: Creo incluso poder decir que algún dios ha concedido a los seres humanos estas dos artes, la educación intelectual [literalmente, «la música», «el arte de las musas»] y la educación física [literalmente, «la gimnasia»], con miras a estas dos cosas: la fogosidad y el ansia de saber. Por lo tanto, no con miras al cuerpo y al alma, excepto en forma accesoria, sino de modo que ambas alcancen un ajuste armonioso entre sí, después de ponerse en tensión adecuadamente y adecuadamente relajarse, hasta llegar al punto más conveniente.

> PLATÓN, *República* 412a

No solo Esparta y Atenas, no solo la *agogé* (ἀγωγή), el riguroso sistema de disciplina y obediencia, de la primera, y la *paidéia* (παιδεία) de la otra, cuya finalidad era esa educación armónica del ser humano de la que habla Sócrates en el diálogo platónico citado más arriba. Todas las civilizaciones, en todas las épocas históricas, han adoptado una postura concreta en torno al ejercicio del cuerpo basada en su propio sistema ideológico.

La expresión «educación física» data de mediados del siglo XVIII, cuando el médico francés Jacques Ballexserd escribió una valiosísima disertación sobre el ejercicio físico como parte fundamental del desarrollo general de los niños.* Poco después, la Revolución francesa contribuyó a la propagación capilar de la educación física, aduciendo que solo un pueblo sano y robusto, no ya enclenque y hambriento, puede aspirar a la emancipación completa. Evidentemente la revolución necesitaba espíritus despiertos y piernas ágiles. Data, por otra parte, de 1852 la fundación del primer instituto universitario para la formación deportiva, la escuela normal de gimnasia de París, llamada École de Joinville (actualmente Institut National du Sport, de l'Expertise et de la Performance).

En Italia la enseñanza escolar de la educación física fue introducida en el Reino de Cerdeña por la Ley Casati, de 1859, bajo la denominación genérica de «gimnasia», originalmente obligatoria solo para los niños. Con la unidad de Italia, en 1878 el ministro de Instrucción Pública, Francesco De Sanctis, reorganizó la disciplina, rebautizada «gimnasia educativa», y luego simplemente «educación física»,

---

*   *Dissertation sur l'éducation physique des enfants, depuis leur naissance jusqu'à l'âge de puberté. Ouvrage qui a remporté le Prix le 21 mai 1762, à la Société Hollandaise des Sciences. Par M. Ballexserd, citoyen de Génève.* À Paris, chez Vallat-La-Chapelle, MDCCLXII. La obra fue traducida al castellano ya en esa misma época; véase *Crianza física de los niños desde su nacimiento hasta la pubertad: disertación que ganó el Premio de la Sociedad Holandesa de las Ciencias año de 1762, por N. Bellexerd* [sic], *ciudadano de Ginebra.* Puesta en castellano por D. Patricio de España. Publicado en Madrid en la imprenta de D. Gabriel Ramírez, Año MDCCLXV. *(N. de los T.)*

extendiéndola también a las niñas. La materia de estudio, cuyos programas fueron acordados tanto por el Ministerio de Instrucción Pública como por el Ministerio de la Guerra (de ahí el servicio militar obligatorio para los varones), tenía por objeto «regenerar la sangre, reconstruir el músculo, acrecentar y realzar las fuerzas vitales», en palabras del propio De Sanctis. Su enseñanza permaneció sin cambios durante más de un siglo, hasta 2010, cuando la educación física fue sustituida en los programas escolares por la denominación «ciencias motoras y deportivas», definición discutida y sustituida más tarde por la «educación física» original en las escuelas infantiles y del primer ciclo de enseñanza obligatoria.*

Muy a mi pesar pertenezco todavía a una generación en la que la clase de educación física consistía en poco más que unas cuantas patadas a la pelota en el suelo áspero del patio de la escuela. Exceptuando el canónico curso de natación en la piscina municipal a los ocho años, de aquellas dos horas semanales dedica-

---

*   La situación en España fue más o menos la misma. Hubo que esperar hasta mediados del siglo xix para que la Educación Física (Gimnástica) comenzara a aparecer en los planes de estudio. El Gobierno liberal crearía la Escuela Central de Profesores de Gimnástica en Madrid (de 1883 a 1892), transmitiéndose una educación física de orientación militar basada en la escuela francesa y alemana. La reforma más significativa fue fruto de la Ley de Educación Física de 1961, que reconocería sus enseñanzas, buscando una modernización de los estudios y la homologación futura de materias con el Instituto Nacional de Educación Física (INEF). Véase S. Romero Granados, «La formación de educación física y deportiva en España», *Revista Fuentes*, vol. 8 (2008). *(N. de los T.)*

das al deporte recuerdo únicamente el jaleo que hacían los chicos de mi clase, que, lejos de los libros y de los cuadernos, se transformaban a mis ojos en una banda de salvajes amontonados alrededor de un balón de goma, el olor a sudor que de vez en cuando se imponía al del comedor, el color blanco de las zapatillas de deporte en una época tan remota que todavía no podían llamarse *sneakers* y, más en general, el sentimiento de alivio, como de interrupción del esfuerzo escolar, debido a la impresión general de que la asignatura de «educación física» había que tomársela menos en serio que las demás.

Durante las horas de educación física se practicaba también la carrera; recuerdo perfectamente las vueltas obligatorias alrededor de un patio que no debía de superar los veinte metros de longitud, así como las escenitas de opereta de los que no tenían ningunas ganas de correr y fingían sentir cualquier indisposición repentina, y al mismo tiempo las expresiones sufridas de campeón del mundo de quienes estaban acostumbrados a correr también fuera de la escuela y querían a toda costa que lo supiera todo el mundo. Luego, una vez al año, estaban las carreras campestres, una especie de *ultra trail* en miniatura por los campos de cualquier periferia a las que se enviaba a los alumnos más prometedores; por supuesto, yo no estaba entre ellos.

Las horas de educación física no fueron para mí algo demasiado traumático; nada que ver con algunas traducciones de griego y latín con las que todavía sueño por la noche. Tampoco tendría nada que reprochar al valerosísimo profesor que, al dejarnos libertad para desfogarnos después de tantas horas pasadas encadenados al pupitre, asumía la tarea de domar los espíritus ardientes y las hormonas enloquecidas de la primera adolescencia. No obstante, nunca en la vida podría decir que mi interés por correr provenga de allí, ni tampoco podría manifestar un rechazo *a priori*; en mi caso, el legado de la educación física escolar fue durante mucho tiempo un desinterés superficial hacia el deporte.

También Murakami lo expresa muy bien en *De qué hablo cuando hablo de correr*; su insólita afición por el running, que se manifestó de repente pasados ya los treinta años, no tiene nada que ver con las clases juveniles de educación física, porque en la escuela nos obligan a hacer deporte, por orden del profesor y de los programas escolares, mientras que de adultos la obstinación atlética es fruto de una libre elección personal.

Mens sana in corpore sano, escribía hace dos mil años Juvenal en su sátira X, acuñando una expresión que se haría proverbial. No tengo nada de socióloga, pero los cuerpos de adultos y de niños, cada vez más pesados debido a unos regímenes alimentarios incorrectos, junto con el nerviosismo palpable y generalizado que podemos encontrar en todas partes, rayano en una crisis nerviosa colectiva, a menudo me hacen dudar de la buena salud física y mental de la sociedad contemporánea.

Una de las motivaciones más citadas por la inmensa mayoría de los runners al responder a la pregunta de qué es lo que los empuja a correr es sin duda alguna el componente salutista que comporta esta actividad. Ya sea para quemar los kilos de más acumulados a fuerza de aperitivos o para desentumecer las piernas condenadas a un cautiverio debajo de una mesa de despacho, ya sea para volver a encontrar la paz después de un día de equilibrios estresantes entre el trabajo y la familia o para oxigenar las ideas en busca de nuevos proyectos, es sobre todo el aspecto salutista del asunto lo que distingue a la carrera como amateur y sin objetivos concretos, llamada «jogging» (o «footing», pseudoanglicismo derivado de la palabra inglesa *foot*, «pie», que se propagó por toda Europa a comienzos del siglo xx), de la carrera en cuanto disciplina perteneciente a la noble categoría del atletismo.

Correr para sentirnos bien, para seguir estando en forma (o para recuperar dicha forma), para cuidar de nuestra salud cardiovascular y de la psíquica; son todas ellas motivaciones excelentes para resistir una carrera de diez kilómetros o más, pero que al mismo tiempo restan al asunto cualquier dimensión deportiva que pueda tener, porque no tienen nada que ver con la competición ni con la determinación de llegar a la meta (como no sea el fruto despiadado de la báscula). De hecho, el componente salutista aleja al jogging amateur de la inclusión rigurosa y disciplinada de la educación física y lo aproxima al juego infantil, una experiencia de lo real en la que los niños abandonan las rígidas posiciones que les imponen los adultos y exploran el mundo circundante dejándose sencillamente llevar, entregándose sencillamente a la vida.

Correr por el puro placer de correr sin espíritu com-
petitivo o ambición de victoria; no nos dedicamos a
hacer deporte, nos dedicamos todos a jugar como
chiquillos, igual que Pinocho, la marioneta de made-
ra de Carlo Collodi, que efectivamente no hace nada
más que correr metiéndose en líos sin parar.

El sociólogo francés (y gran traductor de Borges)
Roger Caillois, en su libro *Les jeux et les hommes*,*
analiza la actitud humana hacia el movimiento distinguiendo entre παιδεία (*paideía*), del griego παῖς
(*pāis*), «niño» —esto es, el juego que nace libre y espon-
táneamente—, y *ludus* (en latín «juego entretenido», de
donde deriva nuestro adjetivo «lúdico»), en el sentido
de juego organizado y regulado, es decir, el deporte.

Así pues, cuando al gesto de dar una patada al balón, de golpear la pelota con una raqueta o simplemente de correr se le aplican reglas, tiempos, códigos
y objetivos, el juego deja de ser una libre expresión
infantil y se convierte en una manifestación deportiva organizada.

Como consecuencia, el juego sería *natural* —no
son solo los niños los que aprenden a conocer el
mundo a su alrededor jugando, sino también los ca-
chorros de los animales—, mientras que el deporte
no lo sería. En efecto, al depender de una sociedad
concreta en una época bien delimitada, la suerte de
las distintas disciplinas deportivas varía a lo largo de los
siglos y de un país a otro, mientras que, desde siempre,

---

*   Hay trad. cast.: *Los juegos y los hombres: La máscara y el vértigo*, trad. de
J. Ferreiro, Ciudad de México, Fondo de Cultura Económica, 1997.
(N. de los T.)

todos los niños, del primero al último, en cualquier rincón del mundo, sienten el instinto indomable de ponerse a jugar.

En ese sentido, resulta curioso y conmovedor lo que cuentan muchos corredores que han atravesado África utilizando únicamente la fuerza de sus piernas; los niños, al ver a esos runners occidentales locos, empeñados en atravesar el desierto del Sáhara, se ponen a correr a su vez a su lado, sin entender la dimensión deportiva de la carrera, que para ellos sigue siendo el juego más natural y espontáneo.

El running amateur, es decir, fuera de las competiciones de atletismo, subvierte por tanto el orden lógico que pretende que cualquier juego infantil se convierta en deporte una vez alcanzada la edad adulta.

Fuera de la dimensión agonística, la afición por la carrera vuelve a los elementos de ese juego sin otra finalidad que el propio juego, típico de la infancia, sin más utilidad que el placer que provoca. En el jogging no existen reglas preestablecidas; nadie obliga al corredor a seguir un recorrido fijado de antemano, ni a respetar una determinada modalidad de paso, ni a alcanzar una velocidad determinada.

Más concretamente, un runner puede correr mucho o poco, rápido o lento, cuesta arriba o cuesta abajo, todos los días o una vez al mes, todo ello como y cuando le dé la gana sin que nadie le eche en cara nada; no existen reglas que infringir ni itinerarios que seguir. Los recorridos son infinitos, tantos cuantos senderos y caminos hay en el mundo. A mi modesta manera, durante los entrenamientos alterno por lo menos tres itinerarios distintos, según el tiempo del que disponga y según el panorama que quiera tener a mi alrededor; a nadie le importan un bledo los resultados que pueda yo tener en cada uno de ellos, y hay razones de sobra.

Si las posibilidades de correr son infinitas, los requisitos técnicos exigidos son insignificantes; o sea, nulos. No solo no es indispensable una equipación específica para correr, sino que para algunos incluso es superflua; basta citar la moda de correr descalzos, surgida a raíz de la publicación del best seller *Born to run*, de Christopher McDougall,* que han seguido algunos corredores que se definen orgullosamente *barefoot runners*; según ellos, la carrera con los pies descalzos reduciría el número de las lesiones e incrementaría la fuerza de los pies, la elasticidad de los ligamentos y en general la economía del esfuerzo. Y existen también los adeptos a la carrera sin ropa, pero esa es otra historia.

De hecho, para correr no haría falta ni siquiera una calle, si nos atenemos a las historias surgidas durante el largo confinamiento doméstico impuesto por la reciente pandemia, entre ellas las que hablan de legendarias carreras a pie en el perímetro del salón de casa; un runner chino incluso habría hecho más de sesenta y seis kilómetros recorriendo arriba y abajo el pasillo de su casa.

---

*   Hay trad. cast.: *Nacidos para correr: La historia de una tribu oculta, un grupo de superatletas y la mayor carrera de la historia*, trad. de D. Salazar, Barcelona, Debate, 2011. *(N. de los T.)*

Es por esa libertad aparentemente infinita del
«juego» de la carrera por lo que los corredores no nos
cansamos nunca de correr, como, por el contrario, les
ocurre a los niños que, al cabo de cierto tiempo de
estar entretenidos con un juguete, se les agota la diversión y reclaman enseguida otro. Y quizá sea precisamente por ese componente lúdico y absolutamente
libre por lo que, durante la última década, el running
ha conocido un éxito más que exponencial, seducien-
do a diario a centenares de nuevos adeptos; se calcula
que solo en Francia los corredores amateurs son casi
trece millones, frente a los trescientos mil atletas profesionales a los que la federación nacional ha expedi-
do un carnet.

Se puede correr donde se quiera, cuando se
quiera y como se quiera; la única regla del jogging
es justamente la falta de reglas. Superar un primer
nivel por entero personal, ya sean cinco kilómetros
en el parque que tenemos al lado de casa o el maratón de Nueva York, siempre hay un nuevo nivel
que nos espera, un poco como ocurre en los videojuegos, que parece que no se acaban nunca. De ese
modo, el entretenimiento que proporcionan las
primeras veces se traduce en el placer de correr más
tiempo, o más rápido, de correr en la ciudad o a
campo abierto, desde la primera carrera bajo la lluvia hasta la primera carrera en la montaña o el primer maratón y más allá; junto con la primera derrota y, para los pocos afortunados, también la primera
victoria.

Sin ese espíritu constante de novedad, que hace
que nos sintamos pioneros cada vez que nos atamos

las zapatillas de deporte, sería imposible seguir corriendo años y años sin aburrirnos y pasar enseguida a otro deporte.

Ese aspecto lúdico quizá sea el lado más bonito de la carrera. No importa cuánto tiempo resista nuestro cuerpo, ni qué poco tiempo lo haga, ni cuándo enarbolarán la bandera blanca nuestras piernas; cada entrenamiento es único porque tiene un objetivo que también es único. Muy pocas veces, por no decir nunca, un corredor se calza las zapatillas y sale a la calle sin tener ya en mente, al menos *grosso modo*, cuántos kilómetros tiene la intención de hacer antes de tirar la toalla. Es así como cada carrera en particular es un triunfo o un fracaso por sí sola y difícilmente equiparable a los resultados ajenos; de hecho, la única medida de una carrera es la carrera del día anterior.

Aún hoy en día, aunque me haya embarcado —no sé si por *hýbris* o por simple locura— en esta empresa literaria de correr un maratón para contar su preparación, conservo el recuerdo nítido del primer kilómetro seguido que recorrí sin detenerme. Estoy orgullosa de él, más orgullosa quizá que de los veinte kilómetros que vinieron (mucho) después, porque fue mi primera prueba concreta, el primer testimonio de que correr era posible también para mí; y no faltó mucho para que, como Filípides, yo también gritara con lágrimas en los ojos: «¡Hemos vencido!».

En un fragmento, Heráclito decía: «El tiempo [de la vida] es un niño que juega [con las piezas de un damero], buscando dificultar los movimientos del otro: reinado de un niño». Si la carrera amateur al final es un juego, entonces la calle nos pertenece a los runners; la carrera es nuestro reinado.

En esencia, pues, correr no prevé reglas ni requiere equipamiento ni material; todo lo que hace falta es tener un cuerpo e incitarlo a que se mueva.

Esta sencillez franciscana haría del running el deporte democrático por definición, el único capaz de emancipar al atleta de la necesidad de un lugar específico para entrenarse (un campo, una sala provista de equipamiento, una piscina), de cierto tiempo libre a su disposición (se puede correr incluso en plena noche; no son tan escasos los runners insomnes que aprovechan el claro de luna) y de una cartera bien abultada que le permita cruzar el umbral de una tienda de deportes. La carrera no conoce tampoco diferencias entre los sexos, ni desigualdades sociales o geográficas; la constancia física es el único requisito y, si bien es verdad que no todo el mundo tiene alma, lo cierto es que todo el mundo posee un cuerpo; y los resultados excepcionales de los atletas paralímpicos, dignos de los héroes de la antigua Grecia, demuestran que, en algunos casos, para correr no hace falta ni siquiera tener dos piernas.

Se trata de un razonamiento impecable, pero a mí la carrera me ha enseñado recientemente justo lo contrario. Nunca en mi vida había experimentado una dimensión más elitista y más clasista de la carrera; en cierto modo, tan cruel y discriminatoria, al igual que lo es, en cualquier aspecto de la existencia, el desigual reparto del talento.

Bien es verdad que podemos pasarnos toda una vida trotando por el parque del barrio a un paso modesto y a nadie se le pasaría por la cabeza reprocharnos el escaso valor de nuestro rendimiento atlético; si acaso sucede más bien lo contrario en función del curioso respeto, casi temor, que normalmente suscitan los runners que pasan como una exhalación junto a todos aquellos que en la calle lo único que hacen es pasear. Y bien es verdad también que podría emplear doce horas en llevar a cabo el maratón de Atenas sin que mi orgullo y el de quien tengo a mi lado palidezcan lo más mínimo.

No se trata de la calidad, sino de la posibilidad del rendimiento; todos somos libres de correr, pero los «pies ligeros», según el célebre epíteto de Aquiles, πόδας ὠκὺς (*pódas ōkus*), usado por Homero en la *Ilíada*, son prerrogativa de unos pocos o, mejor dicho, de poquísimos, de casi nadie.

A igualdad de entrenamientos, la diferencia entre un resultado mediocre y otro excelente viene dada por el talento inscrito en algún rincón del código genético del afortunado que ha sido agraciado en la lotería divina del atletismo; y no hay nada que hacer al respecto, ninguna reclamación, ninguna revolución, porque en este caso la desigualdad física, biológica, lleva su marca indeleble en algún rincón de los músculos y de la sangre. Hay runners de raza, la de los atletas y los héroes, y luego estamos todos los demás, que, aunque nos entrenáramos una vida entera, no superaríamos nunca la huella dejada en el polvo por sus pies ligeros.

Parece poca cosa, una evidencia natural, pero de alguna forma me ha desconcertado el descubrimiento de esta especie de clasismo de *Ancien Régime* que separa a los corredores en dos categorías, los nobles, «nacidos para correr», y la masa indeterminada de los plebeyos, nacidos para hacer otra cosa, pero que lo intentan de todos modos. No es que a los treinta años, y después de toda una vida entre el sedentarismo y el alcoholismo, esperara yo convertirme en una campeona olímpica al término de unas cuantas sesiones de jogging. Lo que me dejó no ya herida, sino subyugada, resignada, como puede sentirse un pueblo que se rinde al vencedor, fue más bien la certeza absoluta de que no me habría convertido en una campeona ni aunque hubiera empezado a correr cuando llevaba todavía pañales y no hubiera parado nunca.

Esta manifiesta e irresoluble disparidad entre quien posee talento y quien, por el contrario, no lo poseerá nunca tal vez sea uno de los aspectos más antimodernos de la carrera y del deporte en general, porque afecta a la raíz de la ideología contemporánea según la cual, con ahínco y constancia, podemos llegar adonde queramos y convertirnos en quien decidamos ser. Es la idea misma de progreso, el dogma absoluto de nuestra época, la que es puesta en entredicho, porque entrenándonos siempre podremos progresar, sí, pero nunca podremos sobrepasar el límite físico, la condena impuesta por la falta de talento.

Antes de ponerme a correr, nunca en mi vida me habían espetado un «no» tan rotundo, tan descarado, tan irremediable; tras haberme criado con el convencimiento de que el estudio es la única posibilidad de redención de unas condiciones sociales o políticas desfavorables y con la certeza un poco calvinista de que todo esfuerzo tarde o temprano se verá recompensado, corriendo me he dado cuenta de la desigualdad con la que el talento está repartido entre los seres humanos y de que eso es algo que no se puede remediar.

Corriendo por fin he comprendido que, en el momento de nacer, la genética, o un dios, ha previsto para mí un perímetro dentro del cual puedo y debo mejorarme, pero, haga lo que haga, independientemente de la estratagema que adopte o de cualquier precio que esté dispuesta a pagar, nunca se me dará la posibilidad de cruzar ese umbral.

Hace dos mil años, Filóstrato dibujaba en el *Gimnástico* el retrato del corredor ideal, estampa rayana en el racismo hacia todos aquellos que no son ideales:

> Los corredores […] tienen que ser robustos porque, sin duda, el principio fundamental para correr bien es la estabilidad. Sus características ideales son: piernas bien proporcionadas respecto a los hombros, tórax más pequeño de lo normal, vísceras bien formadas y sanas, rodilla suave, pierna recta y manos algo más grandes en proporción; en cambio, su musculatura debe ser normal, ya que un exceso de músculo es un freno para la velocidad.

El filósofo se ocupaba también del temperamento del corredor ideal, que, según los preceptos de la medicina de Hipócrates, debía ser «cálido» y «húmedo».

Hoy día, en una época esquizofrénica, a medio camino entre la aceptación del cuerpo y el nazismo estético, el cuerpo esbelto y musculoso, esculpido por el ejercicio deportivo, ha invadido la moda y con ella la percepción de la belleza, haciendo de los apasionados del fitness un modelo que se ha de seguir. Pero la desigualdad de la carrera no tiene nada que ver con la estética; guapos o feos, el talento o se tiene de nacimiento o no se tiene.

Si bien las estadísticas demuestran que en Europa la mayor parte de los runners que pasan como exhalaciones por las aceras de las calles pertenecen a clases sociales medias-altas, hay igualmente estadísticas e historiales deportivos que no dejan lugar a dudas: los corredores más fuertes y resistentes vienen al mundo en la línea del ecuador. En particular, hoy en día es Kenia el país considerado la Ítaca del running, meta de auténticas peregrinaciones por parte de corredores de todos los rincones del mundo que esperan que, a lo largo de un cursillo de unos diez días, el sol y la arena de África central los conviertan de golpe en una versión pálida de Eliud Kipchoge, el fondista keniano que ostenta el récord del mundo de maratón.

Las prestaciones de los atletas africanos como fondistas son tan impresionantes que han llevado a la comunidad deportiva a preguntarse por su presunta «ventaja racial», poniendo incluso en duda la posibilidad de que alcancen hitos semejantes aquellos a quienes la suerte no ha deparado el mismo talento físico desde un punto de vista puramente genético. Los estudios científicos en torno al talento de los corredores kenianos son muy numerosos, y todos se centran en su extraordinaria capacidad pulmonar y vascular, entrenada a la sombra del Kilimanjaro.

Sin embargo, los excepcionales rendimientos de los corredores kenianos no deberían achacarse solo a su código genético, como ha contado el editorialista de *The Guardian* Adharanand Finn en su libro *Running with the Kenyans*, de 2012.* El periodista pasó más de seis meses en Iten, un poblado de Kenia rebautizado «la fábrica de corredores» por la concentración de medallas y de récords del mundo, intentando captar el secreto de los runners kenianos. Pasó, pues, semanas comiendo solo comida del país, corriendo descalzo y haciendo todo lo que suele uno hacer cuando ha nacido en África y está preparando un maratón, cuyo resultado en su caso fue bastante mediocre, incluso tras el periodo de aprendizaje africano. Después de tanto experimentar, Finn acabó descubriendo que el reservorio del talento inexplicable de los kenianos no son ni los músculos, ni los pulmones ni el corazón, sino la dimensión total que representa para ellos la carrera. En Kenia correr constituye realmente una parte natural de la vida, no un paréntesis que se crea uno mismo entre el trabajo y la familia; de hecho, correr es para los kenianos

---

* Hay trad. cast.: *Correr con los keniatas*, trad. de E. de Hériz Ramón, Barcelona, Ediciones B, 2013. *(N. de los T.)*

la vida misma, la única posibilidad de conseguir agua, de ir a la escuela, quizá incluso de mejorar su futuro.

Desgraciadamente, la separación entre quien ha nacido para correr, *born to run*, y quien, por el contrario, ha nacido para caminar es inapelable; el talento, recibido o negado, no admite reclamaciones ni sustituciones.

No obstante, esta injusticia no resta nada a la dignidad de quien tiene el noble valor de querer mejorar lo que le ha sido dado, ya sea mucho o poco. Ese es el aspecto verdaderamente más democrático de la carrera; tanto si estamos físicamente dotados como si no, no existen exenciones ni atajos a la obligación de entrenarnos con constancia, e incluso con un poco de fe. Por el contrario, el talento se convierte enseguida en presunción y, por consiguiente, en lastre.

No es raro que la tenacidad compense un código genético no tan destinado de antemano al running. Y puede ser que un día se produzca ese adelantamiento por naturaleza a la necesidad que Filóstrato describe en los siguientes términos: «Sin duda, este es un hecho admirable; sea recordado, pues, no como algo que suele suceder, sino que solo sucedió una vez, como si una divinidad hubiera querido mostrar a los hombres algo grande».

¡Tantos grandes proyectos de gloria atlética para luego, a mediados de julio, verme postrada en la cama con COVID! ¡Qué tomadura de pelo, por no decir algo peor! Ya me habían puesto la primera dosis de la vacuna, ya me había ido de vacaciones a la Costa Azul, cuando el resultado de la prueba me ha llegado por SMS mientras estaba al borde de la piscina, en medio de una fiesta celebrada durante el festival de Cannes. Debería intentar ser «positiva», justo como dice el test, pero no siempre lo consigo. A decir verdad, no lo consigo casi nunca.

Esta historia tan desagradable me ha vuelto mortalmente alérgica a toda alusión al discurso acerca del virus que desde hace una semana ha ocupado mi cuerpo y todas mis conversaciones. Me limito a tomármelo con deportividad, teniendo en cuenta que el deporte es el objeto de lo que escribo, anotando con amargura que correspondo por completo al perfil de aquellos que tendrían poquísimas probabilidades de contagiarse, según los locos que se han obstinado y siguen obstinándose en negar la seriedad de esta enfermedad: joven, deportista, perfectamente sana. Y sin embargo aquí estoy, en la cama con fiebre.

Hace siete días que no corro, un escándalo que no ocurría desde hace por lo menos un par de años. Al no poder responder, por las evidentes razones médicas que en este momento me hacen sentir más parecida a un molusco que a un leopardo, a este enésimo accidente de la vida con mi habitual frase de reserva —«salgo a correr»—, me he visto obligada a sustituir la afirmación por la pregunta en condicional: «¿Saldría a correr?».

Aunque por ahora —y me temo que todavía durante unos días— la respuesta es que no, en cierto modo me tranquiliza y me consuela constatar que correr se ha convertido para mí en el único termómetro fiable de mi estado de salud, en el barómetro práctico de mis energías, por las cuales, en definitiva, respondo —y pago— solo yo.

Correr me ha regalado una licenciatura acelerada en «sensibilidad intuitiva» de mi cuerpo, un conocimiento preciso de todas mis funciones vitales, físicas y psíquicas, y de sus variaciones según el contexto. Partía de un estado de analfabetismo corporal casi total y estaba acostumbrada a hablar de mi cuerpo y de mis percepciones con una vaguedad y una aproximación casi infantiles. Desde que he empezado a correr, en cambio, «estoy cansada» ya no es una frase genérica que soltar ante cualquier malhumor o cualquier debilidad que pueda sentir, sino una afirmación concreta que debe ser demostrada o refutada en relación con las zapatillas de deporte: ¿realmente estoy tan exhausta que, si saliera a correr, me arriesgaría a quedarme dormida en plena acera, o acaso esta vaga idea de cansancio está solo dentro de mi cabeza, es un agotamiento debido a que pienso demasiado y siento demasiado, en cuyo caso tanto da sacarla a dar una vuelta o dos corriendo? Y lo mismo valdría decir lo contrario; «me siento en

forma», vale, pero ¿es suficiente para correr veinte kilómetros o se trata únicamente de un estado pasajero de
euforia, que solo valdría para hacer un esprint o dos y
nada más?

Incluso ahora y sobre todo ahora que estoy enferma,
saber medir mi debilidad con una cinta métrica exclusivamente mía me permite aceptarla, domesticarla, ser
amable con mi cuerpo enfebrecido y mi espíritu postrado.
Saber que «siento» me permite vivir el malestar no como
algo ajeno, externo a mi cuerpo, que existe solo porque ha
sido diagnosticado por un médico, sino como algo íntimamente mío, algo que siento en lo más profundo de mis
músculos y, aunque pueda parecer una locura, incluso
de mis células. Obligada a guardar cama, a veces me parece percibir el esfuerzo de mis infelices glóbulos blancos,
concentrados más que nunca en resistir y reaccionar al in-
vasor produciendo diligentemente anticuerpos; en vez de
darlo por descontado, como algo que se me debe, o, por el
contrario, ignorarlo por completo, mi cuerpo, empeñado
en esta injusta pero naturalísima lucha, casi me produce
ternura.

Los griegos tenían una palabra para definir este apego
animal a la vida: φιλοζωτέον (philozotéon), un adjetivo verbal que grosso modo significa que hay que ser
amigos y aliados de la vida. Yo, que durante años he sido
irremediablemente enemiga de mi cuerpo y la principal
responsable de dolores y desastres, gracias a la carrera
me veo ahora convertida en una hincha suya, y ya no me
dedico a remar contra él sometiéndolo a unas condiciones
injustificables.

Por fin me doy cuenta de que solo para eso está programado el cuerpo humano: combatir para seguir viviendo

lo más que se pueda, dentro de los límites comprendidos entre el nacimiento y la muerte, alfa y omega. Antes de ponerme a correr, en vez de ser una forofa de este instinto biológico de vivir, yo era para mi cuerpo la que se dedicaba a tirarle piedras desde la grada. Ahora, en cambio, aquí estoy peleándome a brazo partido con él para incitarlo a resistir; o quizá sean solo los delirios de la fiebre.

No creía yo, sobre todo después de este verano dedicada a preparar mi primer maratón, que llegara el día en el que pronunciara la frase «echo de menos correr». Ahora, en cambio, después de una semana de inmovilidad forzosa, lo cierto es que echo de menos correr. ¡Y mucho! Echo de menos esa agudeza de las percepciones, ese sexto sentido que, inesperadamente, la carrera primero me ha descubierto y luego me ha aguzado; al no correr me doy cuenta de que no sé cómo estoy de verdad, no sé qué perfume tiene el aire en esta época del año, no sé con exactitud cuándo sale la luna ni cuándo mengua en el cielo estival, no me sé de memoria los carteles de las nuevas películas y de los espectáculos teatrales recién estrenados en París, desconozco el progreso de las obras en curso al lado de casa y cuál es la tonalidad de verde de las hojas de los árboles; caminando o llevando a cabo las actividades cotidianas normales ni siquiera me doy cuenta de nada de eso, mientras que corriendo me veo obligada a tomar minuciosamente nota de todo lo que ocurre dentro y fuera de mí.

Recuperaré todo eso enseguida, estoy segura. Mientras tanto, en esta pausa obligada lo único que puedo es estar agra-

decida al running por haberse convertido en una parte de mí, hasta el punto de que, aunque no corra, de algún modo estoy siempre corriendo; aunque hoy mis piernas estén inmóviles en el sofá, algo de mí está trotando a orillas del Sena con el sol y el viento dándome en la cara.

7

IN CORPORE SANO

La salud [es] mejor que la fuerza y la belleza: pues aquella estriba en lo húmedo, lo seco, lo caliente y lo frío, en una palabra, en todas aquellas cosas primarias de las que consta el ser vivo; las otras, en cambio, estriban en cosas secundarias. En efecto, la fuerza parece estar en los nervios y los huesos, y la belleza parece ser un cierto equilibrio de los miembros.

ARISTÓTELES, *Tópicos* III, 1 (116b)

Excepción hecha de los bosques solitarios y de las pistas de atletismo, la actividad de correr representa en el panorama circundante una escandalosa anomalía. Para quien corre y para quien observa correr a otros; el running contradice, rebelándose contra ellos, todas las reglas y todos los códigos del estilo de vida predominante hoy día en el mundo occidental, el civilizado, elegante y urbano.

La carrera es el deporte —o por lo menos el único que yo conozco— que puede y debe practicarse sin necesidad de nada, pero, eso sí, ante los ojos de todo el mundo.

Si bien es verdad que para correr, en el caso más extremo, no hacen falta ni siquiera zapatillas de deporte, se necesita por fuerza, sin embargo, una pista; a menos que seamos los nobles dueños de un castillo o de una mansión en el campo, por definición esa pista será una vía pública, es decir, no estrictamente reservada al runner y a su buena voluntad.

Cualquier otro tipo de actividad deportiva, para ser practicada, requiere el gesto previo de trasladarnos para poder consagrarnos a ella, un movimiento inicial hacia un lugar —«voy a jugar al tenis», «voy a la piscina», «voy a bailar»—, que marca con nitidez la suspensión de la vida normal diaria para dedicarnos a otra cosa, delimitado habitualmente por las paredes de un gimnasio o de una sala o por el recinto de un campo, y siempre protegido de los ojos indiscretos de quienes continúan dedicándose a las ocupaciones normales no deportivas. Si bien es verdad que puede darse el caso de que pasemos junto a un campo de fútbol, es mucho menos probable, en la oficina o en el supermercado, que nos crucemos con alguien empeñado en practicar el tiro al arco o en esculpir la tableta de los abdominales; o sea, es muy improbable que sea el deporte el que invada nuestro espacio si no somos nosotros los que salimos a buscarlo.

El running, en cambio, funciona exactamente al contrario: para ir a correr no hace falta desplazarse de un perímetro a otro, sino que *se sale* de esos límites impuestos por la civilización. «Salgo a correr», la frase ritual de cualquier corredor, significa cruzar el umbral de la etiqueta urbana, que por atención y por elegancia obliga a no dedicarnos a las necesidades del cuerpo en público, e invadir con el ejercicio físico, y hacerlo de un modo harto visible, lugares y contextos que normalmente le son ajenos.

Aunque corriendo no me he metido nunca en situaciones (demasiado) embarazosas, todos tenemos muy presente el estupor mezclado con desconcierto cuando nos encontramos con un runner donde no debería estar según los cánones mundanos de los que no corren: en una carretera de circunvalación por la mañana temprano, bajo el sol cuando hace treinta grados a la sombra, en medio de la nieve en plena Nochebuena, en el aparcamiento de un centro comercial un sábado por la tarde, en el sendero de entrada que conduce a una iglesia... A menudo incluso he visto runners que cruzaban orgullosamente el umbral de los cementerios monumentales de París.

El runner sabe que, al correr, sale de la masa indiscriminada de todos los que se limitan a acudir caminando a las citas que trae consigo la existencia y, acelerando el paso, se hace visible a los ojos del mundo. No solo lo sabe, sino que también lo quiere.

Se trata de algo innegable; según esta lógica, correr comporta una notable dosis de voyerismo. Ello explica por qué algunos, aunque estén en una forma física inmejorable, lo detestan y de buena gana se dejarían crucificar antes que correr un solo metro delante de los ojos de otros; sencillamente no son capaces de hacerlo.

Desde luego, los corredores no se «esconden» —¿y por qué iban a tener que confinarse en un parque reservado tan solo para ellos?—, pero, entre accesorios tecnológicos y ropa fosforescente, no hacen absolutamente nada para no llamar la atención o al menos para mimetizarse con el tejido urbano. De hecho, quieren ser vistos, desean ser reconocidos de inmediato como una anomalía que viola con orgullo la lenta marcha con la que solemos arrastrarnos en pos de la vida.

Aquí es donde se manifiesta el cortocircuito, el *big bang* del runner que desea ser visto por el sedentario que no querría verlo de ninguna manera. No creo que sea una perversa, o por lo menos no más que la media normal de los runners (he ido preguntado por ahí), si me permito reconocer cándidamente que corriendo a veces experimento un sutil pero evidente placer al pasar junto a quien, sentado a la mesita de un bistró, antes que ponerse las zapatillas de deporte ha preferido tomarse unas patatas fritas o una copa de vino; por no hablar de la afrenta suprema de quien combina coñac y cigarrillo.

Sé que es muy poco noble por mi parte forzarme a observar las debilidades ajenas, que durante mucho tiempo han sido las mías y que pronto volverán a serlo, en cuanto termine el maratón de Atenas, pero no puedo dejar de querer —más aún, de exigir— que el desconocido que está en el bar disfrutando de la vida me vea empeñada en disfrutar —o sea, en sufrir— de mi carrera. No solo quiero que me observe, sudada, cansada e incluso un poco ridícula con mis aires de responder al perfecto espíritu olímpico, como si correr fuera cuestión de vida o muerte, sino también que, ante la dignidad de mi esfuerzo, me diga: «¡Bravo!».

Desde luego, no pretendo castigar a los que se conceden tomar una copa de vino después del trabajo o un cruasán relleno de crema por la mañana, Dios me libre, sino mostrarles que es posible una alternativa, eso sí. Y sé muy bien que lo saben, lo sé por cómo me miran, por cómo me admiran —los más generosos se ponen abiertamente de mi parte animándome a continuar—, no ya porque soy yo —mis resultados son todavía ridículos—, sino por ese respeto casi religioso que siempre inspira a quien está quieto el espectáculo del cuerpo humano en movimiento. O tal vez, en el fondo, me odien, tal vez el destino de todo runner sea resultar detestable; a fin de cuentas les parece un loco a todos los que no practican la carrera y se sienten molestos por el esfuerzo de los corredores, quién sabe.

De hecho, en esa especie de sabana urbana en la que me veo corriendo todas las mañanas, entre automóviles, monopatines, autobuses o bicicletas —no son raros incluso los caballos—, los que más me motivan no son los runners, mis colegas solidarios, sino todos los que han preferido no correr. Porque me recuerdan incluso demasiado cómo era yo antes de descubrir la carrera, y esa imagen de mí misma no me gusta; la perspectiva de volver a ser la persona perezosa, sobre todo moralmente, que era en otro tiempo, y de perder así las «buenas costumbres» que la parte más honesta de mí reconoce que todavía son frágiles, demasiado nuevas, me inquieta hasta el punto de incitarme a correr todavía más y más deprisa.

En ese juego al descubierto que es el running, en ese equilibrio precario entre ver y ser vistos, es mi pasado malsano lo que me da miedo que se vislumbre desde el exterior al dar cualquier paso en falso; si corro es asimismo por alejarme lo más posible, por escapar también de eso.

«La salud ["higiene" en griego antiguo] existe, según se dice, cuando las funciones están en armonía con la naturaleza; el bienestar [en griego antiguo εὐταξία, *eutaxía*, literalmente "buena constitución"] existe cuando todas esas funciones gozan de cierta robustez. La condición común es que ninguna de las dos sea dominada por las enfermedades; ese estado se caracteriza además por la acción perfecta de las funciones del cuerpo y por una resistencia a la disolución». Eso decía Galeno, uno de los médicos más famosos de la Antigüedad —de su nombre deriva «galénica», el arte del farmacéutico que prepara sus remedios a partir de compuestos naturales, rechazando los de origen químico— y autor, entre otras obras, de un tratado titulado *Las buenas costumbres del cuerpo*.

Yo no soy médica, pero desde que el running se ha convertido para mí en una «buena costumbre» —una sorprendente rutina que marca mis días, como lavarme los dientes, tomar un café en cuanto me despierto o leer dos o tres páginas de un libro antes de dormir— ha resultado algo inequívoco: un tsunami salutista imparable se ha abatido sobre mi vida.

Todavía no tengo claro el orden de la sucesión causa-efecto, esto es, si empezar a correr me ha llevado de manera natural a comer mejor, y en general a tener un minucioso cuidado de mi salud, o si ha sido al revés, si de repente me he aficionado a la cúrcuma y la quinoa (una de mis especialidades) solo para poder correr un poco más al día siguiente. Sea como sea, el resultado no cambia: yo, que hasta hace unos años prácticamente no desayunaba nunca, que era la reina de los cócteles con el estómago vacío y para quien cocinar era solo una buena excusa para descorchar una botella de vino blanco, llevo actualmente una vida basada en una higiene tan férrea y precisa que, comparado con ella, un *ashram* de yoga en India parecería una *rave* salvaje.

No exagero o, por lo menos, no demasiado; desde que he empezado a correr, la percepción de las necesidades primarias de mi cuerpo —lo que mi físico me implora que haga por él para que al día siguiente pueda empezar a correr otra vez— se ha refinado tanto que a menudo me pregunto cómo hacía hasta ahora para sobrevivir.

A mi juicio, hoy en día me parece casi un milagro haber llegado a los treinta años en un estado de salud aceptable sin haber sido nunca consciente de lo que acababa cada día en mi plato, en mi copa, en mi cama. No llevaba una vida de estrella de rock, claro está, y haber nacido y crecido en esa parte del mundo bendecida por el mar y por la dieta mediterránea ha contribuido indudablemente a fortalecer mi salud y a alargar mi esperanza de vida incluso en el escandaloso sedentarismo al que me abandonaba con molicie. Aun así, aunque nunca he sido una fan del *fast food* ni de la comida basura, antes de dedicarme a correr nunca me habría preguntado si mis comidas respetaban un buen equilibrio entre proteínas e hidratos de carbono. Dormir ha sido siempre para mí un latazo inútil que tenía que quitarme de encima lo antes posible en medio de la urgencia irrefrenable de vivir y sentir. Por no hablar de los cigarrillos; yo también, igual que Haruki Murakami, he dejado de fumar de buenas a primeras no ya porque lo quisiera —por mí, habría seguido haciéndolo impunemente—, sino porque el tabaco me impedía correr mejor dadas mis ya escasísimas posibilidades físicas.

Sobre todo al principio, cuando me forzaba a mí misma para intentar correr por lo menos un kilómetro seguido, creo que mi inconsciente elaboró en secreto una lista detallada de actividades contraproducentes a la hora de correr y, como estrategia de supervivencia frente a ese esfuerzo para mí inútil, dejó de manifestar el deseo de seguir con ellas; fumar fue, entre otras muchas, una de esas actividades. Por lo demás, el *Gimnástico* también lo dice sin rodeos: «Sin duda, a los atletas puede perjudicarles la comida —a veces comen a escondidas—, el vino, los propios ejercicios, las angustias del alma, los golpes o muchas otras cosas, las unas provocadas y otras involuntarias»; entre ellas Filóstrato prohíbe perentoriamente el sexo, como algunos entrenadores actuales, y a veces también el amor, la fuente más universal de «angustias del alma».

Parece increíble, sobre todo me lo parece a mí, pero la voluntad inicial de salir adelante era tan aguda y tan apremiante que estaba dispuesta a superar cualquier obstáculo que pusieran entre el running y yo; no dudo que habría estado casi dispuesta a matar a quien se le hubiera pasado por la cabeza dificultar mi avance, por lo demás completamente irrelevante, hacia el atletismo. Si las viejas malas costumbres se disolvieron casi por arte de magia, se impusieron otras nuevas, absolutamente necesarias, desde el gel de árnica para permitir a los músculos una recuperación suave hasta la tisana de jengibre, desde el tejido de la ropa para correr, especial, sí, además de bio, hasta las barritas de frutos secos o de mantequilla de cacahuete.

De repente mi despensa habitual —la de la mujer joven soltera y arrogante ante la vida y su cuerpo— desapareció, y fue sustituida por un estante diferente para las provisiones y por otro armario para la ropa, la del atleta.

Leyendo a Filóstrato me parece comprender que no soy ni la primera ni la única que, tras caer fulminada en mi camino hacia el ejercicio deportivo, se siente perpleja ante una lista de la compra cada vez más salutista, equilibrada, orgánica, biológica, de kilómetro cero.

En el *Gimnástico* podemos leer, de hecho, lo siguiente:

La medicina del momento, arte en sí misma provechosa, se hizo aduladora y demasiado inconsistente para ser útil a los atletas; era ella la que educaba en la indolencia [...] y ponía, para placer de atletas, *maîtres* y cocineros a su disposición; por culpa de estos, los atletas acabaron siendo unos tragones, pues su estómago estaba siempre a punto para comer. La medicina también prescribía una nutrición a base de pan con semilla de adormidera —que es muy indigesto—, e introdujo una dietética del pescado según si es comestible o no, distinguiendo la naturaleza de los peces por la zona del mar de procedencia: los de las marismas hacen el cuerpo compacto, el pescado de roca reblandece el cuerpo, el de mar adentro propicia el desarrollo de los músculos, el de playa lo mantiene ligero; por otro lado, comer algas produce palidez. Incluso la carne porcina es tema para fabulaciones: hay que considerar nociva la de los cerdos que viven a orillas del mar, a causa del ajo marino que abunda en zonas costeras y arenosas; asimismo hay que comer con cuidado la carne de los cerdos de zonas fluviales, a causa de su alimentación a base de cangrejos; en definitiva, cómanse solo los cerdos que se alimenten de cornejos y bellotas. Una tal relajación de costumbres e inclinación a los placeres [sexuales] se originó entre los atletas [...] porque están acostumbrados a vivir en la molicie.

Por supuesto, esta epifanía que lleva de repente a cambiar drásticamente las costumbres y la alimentación en nombre de la salud y del rendimiento debe de ser común a cualquier ambición deportiva si, desde hace por lo menos dos mil años, todos los atletas se olvidan de golpe de lo que habían comido a diario hasta el momento en que descubrieron el deporte.

Si bien, basándonos en lo que dice Filóstrato, la práctica del deporte conduce inevitablemente a una mayor atención a la calidad de los alimentos que se ingieren para transformarlos enseguida en energía, mi experiencia y la de los runners que conozco me llevan a sospechar que actualmente tal vez estemos pasándonos bastante de la raya; que toda esta atención a lo saludable se haya convertido en una especie de deriva arrolladora que transforma al ser humano, en cuanto se calza las zapatillas, no solo en un deportista, sino también en un nutricionista, un dietista, un ecologista y, en ocasiones, en vista de la desmesurada oferta de suplementos alimenticios y de proteínas en polvo, también en una especie de alquimista.

Sin el menor atisbo de ironía, estoy agradecida más que nunca, y también bastante orgullosa de ella, a la revolución que correr ha representado para mi estilo de vida, de la que los cincuenta minutos que paso a diario sobre el asfalto son solo una mínima parte. Ahora me provoca horror la perspectiva de darle a la basura disfrazada de comida la posibilidad de viajar impunemente por mis venas, obligando a mis míseras células a un esfuerzo de generosidad infinita para permitirme una vez más seguir en pie y hacer lo que quiero. Aun así, no puedo ocultar que a menudo siento cierta perplejidad, desconcierto incluso, al observar *qué* es lo que acaba concretamente en mi plato en nombre de esta más que noble ambición de «comer sano». Y no solo en mi plato; en París (ciudad que además es famosa por su cocina *gourmet*) diría que casi a diario encuentro en el menú de un restaurante o en las estanterías de un supermercado comidas y bebidas cuya existencia había ignorado cándidamente hasta el día anterior.

Entre *healthy food* y *superfood*, algas exóticas, especias remotas, leche vegetal —ah, pero ¿de soja o de avena?—, preparaciones venidas de otros continentes, pan integral y con distintos porcentajes de levadura, bebidas fermentadas y vino naranja, la lista de mi espanto podría ser actualmente muy, pero que muy larga. Desde luego no he nacido ni crecido en una cueva en medio de los bosques y adoro la cocina étnica; no es, por supuesto, la integración, incluso la alimentaria, lo que me desconcierta, sino más bien el principio ínsito en esta avalancha de alimentos viejos y nuevos, locales y extranjeros, pero en cualquier caso hasta hace poco casi desconocidos, que han invadido nuestras despensas; si han viajado hasta nosotros es porque son buenos para la salud, o en cualquier caso mejores que todo lo que hemos comido hasta antes de ayer.

Basta asomarse a las redes sociales o leer una de las múltiples publicaciones que están en circulación —de hecho, todos los periódicos, incluso los tradicionales, ofrecen páginas y páginas sobre la alimentación sana y el bienestar— para darnos cuenta enseguida de la cantidad de *personal trainers* o de quienes se dicen tales, elevados por la mayoría al rango de gurús, que aconsejan comer los alimentos más extraños, recogidos o cultivados de las maneras más insólitas y finalmente cocinados de las formas más raras posibles, justo como los pescados de los que hablaba Filóstrato hace dos mil años. Desde las proteínas que vemos un poco por doquier hasta el inevitable aguacate, la revolución salutista está orgullosamente presente en todos los rincones del mundo y sobre todo en los platos y las despensas de quien practica deporte a diario. Provista de pasaporte italiano, pensaba yo que venía del país con la mejor tradición culinaria, reconocida en todo el mundo; nunca me habría imaginado que, en algunos círculos deportivos y no solo en ellos, hoy en día resulta embarazoso pensar en encargar una pizza.

Este huracán salutista ha arrasado hasta tal punto las mesas de Occidente, tanto de deportistas como de no deportistas, que me pregunto qué pensaría la generación de nuestros padres y de nuestros abuelos al vernos más que contentos por considerar chic —y, por lo tanto, más que dispuestos a pagar por ellos un precio elevado— alimentos y bebidas que, para ellos, hasta hace unos veinte años eran sinónimo de pobreza, o por lo menos lo más alejado de la idea de lujo: pan tan integral que conserva solo una vaguísima idea de la chapata o de la baguette, carnes tan magras que cabe preocuparse por la salud del pollo, leche tan artificial que llega a llamarse «bebida con gusto a», y después dulces sin azúcares ni levaduras, cereales no refinados, semillas, bayas y frutos secos por todas partes. De repente, las recetas más sencillas y caseras con las que fuimos amorosamente criados por nuestras madres parecen escandalosas por su pobreza nutritiva y por su falta de equilibrio, hasta el punto de hacernos sospechar que en realidad estaban envenenándonos a todos a golpe de pan, mantequilla y mermelada para desayunar, pasta con tomate para comer y filete empanado para cenar.

Hay un aspecto en particular de esta deriva biológica que me sorprende y me obliga a reflexionar: el triunfo del nuevo valor de lo «sano» por encima del deseo ya anticuado de lo «bueno». Durante siglos —mejor dicho, durante milenios a partir del descubrimiento del fuego y, por tanto, de los primeros alimentos «cocinados», no ya arrancados crudos del cuerpo todavía caliente de la presa—, los progresos humanos en el terreno de la alimentación han venido guiados por un solo sentido, el del gusto. Todo lo que no es tóxico o nocivo para el cuerpo ha sido sometido a la prueba milenaria de recetas, experimentos y tentativas entre mil ingredientes y combinaciones distintas —formando un inmenso e inestimable repertorio de cultura antropológica, no solo gastronómica— para ser transmitido a las generaciones posteriores en su variante mejor, la más golosa para el paladar, la más rica y gustosa. El primer signo de la emancipación social era luego el de poder permitirse el lujo de comer mejor que las clases más pobres, casi siempre obligadas a permanecer en un estado de malnutrición o de desnutrición, consumiendo más comida y más preciada, esto es, más grasa y suculenta. Actualmente esta parábola evolutiva parece haberse interrumpido de golpe; a nadie, o al menos a nadie que aprecie su salud, le interesa comer alimentos más ricos, sino que todos queremos comer alimentos más sanos, y en nombre del bienestar estamos dispuestos incluso a sacrificar una parte del placer del paladar.

Ahora, en las tiendas, la palabra «biológico» ha sustituido la expresión «de buena calidad», incluso en productos que no tienen nada que ver con la comida, desde el algodón con el que se fabrican las camisetas hasta el jabón con el que nos lavamos las manos, desde los productos para mascotas hasta el papel higiénico.

Significa tal vez que, antes de obtener la certificación de bio, esos productos de tan buena calidad en realidad no lo eran tanto; antes bien, probablemente fueran todo lo contrario.

En griego «bio» no significaba ni bueno ni preciado, ni siquiera era un adjetivo; βίος (*bíos*) era la «vida». La lengua griega poseía, de hecho, al menos tres palabras para expresar el milagro de estar vivo: ζωή (*zoé*) era la esencia de la vida que pertenece indistintamente a la universalidad de todos los seres vivos, el prodigio que separa lo que está vivo de las piedras y del plástico. Ψυχή (*psyché*) representaba, en cambio, el «soplo vital», el hecho de sentirse plenamente vivo, justo como me siento yo cuando correr me corta el aliento y me incendia el corazón. Por fin, βίος indicaba las condiciones, los modos en que se desarrolla la vida en medio de su *cammin*, por parafrasear a Dante, de su camino: lo que decidimos hacer de ella o cómo nos limitamos a malgastarla. Y, si efectivamente la biología es la ciencia que estudia los seres vivos, ¿cómo es que en el curso de unos años hemos pasado a considerar «bueno» desde el punto de vista comercial lo que está «naturalmente vivo» por definición? Y, sobre todo, ¿vivo en oposición a qué? La ruptura —el chantaje— tiene que ver, al parecer, con la idea de nocividad, con el carácter malsano, o sea letal, de lo que acaba por absorber nuestro cuerpo; es decir, biológico como oposición a artificial, vital y no mortífero.

No dudo que Platón se quedaría, como poco, estupefacto ante el desgarro lógico en virtud del cual intentamos hoy en día poner en nuestros platos, y por tanto poner en circulación en nuestro organismo, alimentos *biológicos*, esto es, productos que no contengan sustancias químicas como pesticidas y otros venenos. Porque la cuestión no es la pretensión, más que legítima —un griego diría banal, por evidente—, de consumir alimentos producidos de forma natural. La locura es más bien haber pensado durante mucho tiempo lo contrario, que el modo en el que campos, mares, montañas y ríos nos ofrecen de forma natural sus dones era eludible, modificable, perfeccionable (como si no fuera ya más que perfecto así) gracias a la tecnología y a una arrogancia desmesurada. Más concretamente, durante décadas se ha exigido a la naturaleza producir *de forma natural* alimentos artificiales que, en condiciones de equilibrio, no habría producido nunca. La oleada salutista y biológica que ha inundado recientemente nuestras mesas no es más que un intento de reparar esa desviación, pero en unas generaciones que ya no pueden tener memoria de esa naturaleza por no haberla vivido nunca; a una manzana biológica se le pide que vuelva a ser una manzana tal como la habría creado de forma natural un árbol y no ya una bola de pesticidas, solo que nadie recuerda ya cómo era antes, cuando nada era artificial, cuando *natural* era un hecho, no una etiqueta del supermercado.

El mismo principio —el mismo olvido— debe de estar en la base de la obsesión salutista de todos los corredores que conozco; la cuestión no es solo comer sano, sino más bien aprender de nuevo a alimentar el cuerpo de forma natural, permitiéndole producir energía después de décadas de suplementos alimenticios químicos, de polvitos mágicos, de músculos inflados de creatina y de doping propagado incluso en ámbitos más que amateurs. Como en mi caso, y en el de todas las personas a las que conozco, la carrera es el único esfuerzo físico exigido a lo largo de jornadas y jornadas cada vez más flojas y sedentarias, la confusión alimentaria aumenta en los deportistas pertenecientes a una generación que casi ha eliminado, por avergonzarse de él, el esfuerzo físico del abanico de opciones personales y profesionales. De hecho, para muchísimas personas el running es quizá la actividad que, en su agenda semanal y mensual, implica el mayor gasto de calorías; solo que esas calorías necesarias para correr ya no sabemos adónde ir a buscarlas de forma natural, y entonces ahí están los alimentos exóticos, las modas, los refinamientos estrambóticos de los que habla Filóstrato.

En griego antiguo la palabra «dieta» no significaba de hecho restricción alimentaria ni sacrificio para adelgazar; el término δίαιτα (*díaita*) indicaba en realidad un estilo de vida global destinado a preservar la salud en todos sus componentes, desde la comida hasta el sueño, desde el ejercicio físico hasta el bienestar mental. En ese sentido, correr me ha regalado con el paso del tiempo la mejor dieta y la mejor higiene de vida posibles con un espíritu plenamente griego; si llego a vivir más tiempo o a enfermar menos se lo deberé casi en exclusiva al deporte.

Aun sintiéndome infinitamente mejor, todavía sigo teniendo en el fondo cierto encrespamiento, algo más cercano a la nostalgia que a la melancolía;

como una mancha, vaya. De cuando comía y dormía mucho peor que ahora no echo de menos nada salvo la despreocupación —la inconsciencia— frente al plato y, en general, frente al gesto de morder la vida.

A veces, cuando miro a mi alrededor y consigo entender un poco lo que sucede, me asalta la sospecha de que, en esta repentina revolución salutista, todos hemos ganado mucho en materia de salud y hemos perdido un poco en materia de alegría de vivir, de espontaneidad. Dudo que esa atención a la salud, convertida a menudo en obsesión, se traduzca en un espíritu, si no abiertamente hedonístico, por lo menos placentero; o desde luego me parece que no veo por ninguna parte que sea así. Pero esperemos que tuviera razón Filóstrato cuando vaticinaba el riesgo de acostumbrarse demasiado a la molicie y a los «placeres sexuales».

Me parece que, al menos en un sistema alimentario, si la salud se convierte en el valor primordial por encima del placer es porque algo se ha roto en la aceptación de la idea de la muerte. Queremos estar bien para retrasar lo más posible la inevitabilidad del óbito, y por eso hacemos de todo con tal de prevenir cualquier accidente del cuerpo.

Todo eso es nobilísimo y legítimo; por supuesto, cualquier atleta griego estaría orgulloso de nosotros. Solo que, cuando nos ponemos tan nerviosos con el único propósito de no enfermar, el zumbido de fondo de la fatalidad de la muerte lo sentimos con más fuerza en nuestros oídos, y no en tono menor. Debe de ser ese murmullo sordo que, en algún sitio, oímos todos en nuestros esfuerzos por seguir sanos; es el resultado de una archiconocida transformación, la de haber logrado aguar colectivamente el sentido trágico de la muerte mediante el miedo más general y más muelle a envejecer.

Henos, pues, a todos por la calle, felices de correr también hoy: para seguir estando sanos, para seguir siendo jóvenes, para no tener que morir un día.

Uno de los aspectos del running que más me fascinan y más me animan a no dejar de correr ni de escribir es la certeza de que, por primera vez en muchos años de estudios de la Grecia antigua, finalmente he encontrado un terreno común indiscutible entre ellos, los griegos, y yo, algo innegablemente objetivo que en dos mil años no ha sufrido el reflujo de la historia y que, por tanto, me permite sentir hoy exactamente lo mismo que sentían ellos ayer: el cuerpo humano.

Aunque, efectivamente, todo ha cambiado desde que Platón y compañía paseaban filosofando por las calles de Atenas —la tecnología, la ciencia, la literatura, la religión, la ideología política y económica, a partir de su lengua, que hoy ya no habla nadie y que por eso llaman «muerta»—, lo cierto es que el cuerpo humano no ha cambiado ni una coma o, mejor dicho, ni una célula. Como los nucleótidos que forman la cadena del ADN de la especie humana no han sufrido variación alguna, la consecuencia es que mis músculos, mis pulmones, mi corazón y todo lo demás son idénticos a los de cualquier griego que hubiera vivido en el siglo v a. C. (solo que los míos están menos entrenados), y que la fatiga, la euforia, la determinación, el desánimo y la hilaridad que de vez en cuando experimento al salir a correr por las aceras de París son exactamente los mismos que cualquier ser humano de la historia ha experimentado corriendo en cualquier rincón del mundo.

De esta consideración, que no deja de suscitar a diario mi curiosidad ante el acto de correr, sincrónico y universal, deriva otra: tampoco ha cambiado el «teatro» en el que han corrido y en el que correrán en un futuro todos los hombres y mujeres de la historia. Nuestro planeta, la Tierra, sigue siendo el mismo. De momento no parece que pueda plantearse como hipótesis la alternativa de uno de reserva; al igual que hace dos mil años, todavía no hemos empezado a organizar maratones en galaxias desconocidas. Lo que, por el contrario, ha cambiado, y a (mucho) peor, es el estado de salud del planeta, maltratado por la incuria, la arrogancia y la avidez humanas, y envilecido por políticas económicas que han hecho de la explotación un ídolo obsceno.

La urgencia ecologista representa un aspecto del running moderno totalmente desconocido —e inconcebible— en tiempos de las Olimpiadas griegas, cuando la vida se proyectaba dentro de la naturaleza, no contra ella; es evidente que Filóstrato no sentía ninguna necesidad de mencionar el ambiente en el que se desarrollaban las prácticas deportivas, pues, a sus ojos, como a los de cualquier otro ser humano de la Antigüedad, era *natural*, ni siquiera digno de mención; no se trataba, desde luego, de un fenómeno que fuera preciso analizar y preservar. Por lo demás, la palabra «ecología» es otro préstamo moderno del griego antiguo (al igual que «nostalgia»), o sea, un término que parece griego pero no lo es, pues fue acuñado ya en época reciente utilizando palabras antiguas; a partir de οἶκος (*oîkos*), «casa» o también «medio ambiente», y λόγος (*lógos*), «discurso», la palabra que alude al estudio científico de las interacciones entre la naturaleza y los organismos que la habitan no fue acuñada hasta 1866 por el biólogo alemán Ernst Haeckel.

Una parte considerable de la urgencia salutista que ha convulsionado recientemente nuestras mesas ha sido consecuencia de la emergencia ecologista; es ilógico pretender vivir sanos en un planeta que está muy enfermo y viceversa, es imposible que un planeta enfermo produzca alimentos sanos. Así pues, la necesidad de reducir la llamada «huella ambiental», el peso específico de nuestro consumo sobre el equilibrio del planeta, ha llevado a muchas personas y empresas a preocuparse por el medio ambiente a partir de lo que acaba en nuestros platos, privilegiando el consumo de alimentos vegetales o ideando nuevas alternativas al binomio filete con patatas fritas. Pero hasta hace poco tiempo no estaba yo al corriente de la novísima preocupación ecologista del mundo del running; en mi ignorancia, creía que este estaba entre los deportes más sostenibles del mundo y que su impacto ambiental era casi nulo, pues a mi juicio el corredor consume solo las energías que él mismo produce, sin pedirle al medio ambiente nada más que un honesto trueque de oxígeno por anhídrido carbónico; un intercambio que, en nuestras metrópolis, no siempre es conveniente en vista del vergonzoso nivel de contaminación del aire que respiramos a pleno pulmón corriendo detrás de automóviles y motos.

Son cada vez más los runners que reclaman atención y honestidad ecológica, *in primis* a los organizadores de los grandes maratones, que son muy poco ecológicos; si bien es verdad que esos 42,195 kilómetros de camino son públicos y no necesitan obras ni estructuras invasivas, es igual de cierto que desplazar a decenas de miles de atletas de un punto del globo a otro solo para que corran no es, desde luego, la mejor opción para el medio ambiente. Según los datos del Foro de la Carrera a Pie, celebrado en Francia en 2016, por lo menos una cuarta parte de los casi diecisiete millones de runners franceses han participado el último año en una competición organizada, y no siempre a la vuelta de la esquina.

La nueva conciencia ecológica ha llevado, además, a las empresas textiles a revisar los materiales con los que producen zapatillas y ropa de deporte, que ya no podrán ser de plástico no reciclable durante mucho tiempo más, y a las empresas de productos alimentarios y suplementos a introducir en sus barritas y bebidas energéticas algo mejor que proteínas y aminoácidos sintéticos de poca calidad.

Será sin duda por alguna limitación mía, así como por la deriva salutista de la que hablaba hace poco, pero el caso es que de vez en cuando, sobre todo en los centros comerciales, esa oleada ecologista hace que me sienta un poco incómoda, llevándome incluso a sospechar que alguna que otra vez se trata de una corriente más de marketing, la enésima, destinada no ya a consumir menos, sino a vender más. En cualquier caso, recibo con mucho gusto cualquier cambio que pueda alejar a la sociedad contemporánea, aunque solo sea un paso, de la lógica extractiva —la de «arramblar con las cosas»— para dirigirla hacia los seres humanos y el medio ambiente en el que hasta ayer mismo hemos vivido todos, con despreocupación y soberbia.

A mí correr me ha enseñado ante todo que la *naturaleza* existe; es decir, de manera concreta, no en cuanto idea abstracta marcada por estaciones todavía más abstractas.

Correr es el acto más contemplativo que pueda haber, en otro tiempo considerado una experiencia mística en la modalidad de peregrinación. Arrancados —liberados— finalmente de las mil distracciones cotidianas, cuando corremos existen solo dos panoramas posibles que contemplar: el interior, hecho de emociones y de sensaciones físicas, y el exterior, hecho de calles, de árboles, de ríos y, para los más afortunados, de montañas y de mar.

Excluyendo la carrera bajo techo, para mí antinatural, entre cuatro paredes y sobre un *tapis roulant* sintético, de hecho el running encuentra su verdadera razón de ser precisamente en el medio ambiente en el que se practica. Aunque ya no utilizamos la finalidad lógica, animal, de la carrera, la de desplazarnos geográficamente de un punto a otro, siempre es por la naturaleza —movimiento por lugar— por donde corre cualquier runner.

Como resulta muy difícil, al menos para mí, pasar una hora o más contemplando únicamente mi mundo interior, excavando cada vez más a fondo, como espeleólogos, para encontrar algo interesante, más vale que miremos a nuestro alrededor; ya se trate de parques no contaminados —la experiencia más preciada posible— o de montañas de cemento —la más frustrante—, el ojo del corredor se entrena observando y amando —el único modo de respetar— el ambiente en el que corre.

De hecho, la carrera es una de las pocas actividades que pone de nuevo en su sitio al ser humano, arrancándolo del sofá o de detrás de un escritorio y colocándolo otra vez en el ambiente en el que vino al mundo hace decenas de millones de años: la naturaleza.

No se trata solo de árboles y de paisajes que admirar, sino también de sentidos que volver a despertar y entrenar; cada vez más prisioneros del confort de las paredes de la casa y de las pantallas azules de los smartphones, resulta que ya no sabemos qué hacer con nuestro oído invadido por los auriculares provistos de filtro antirruido, con nuestro olfato asfixiado por desodorantes artificiales, con nuestro tacto anestesiado por cremas y protectores. Corriendo, el aire nos da en primer lugar en la cara y finalmente lo sentimos, y tanto que lo sentimos: olemos qué sabor tiene, lo descubrimos frío cuando se nos cuela por debajo de la camiseta, o amable cuando acaricia los primeros brazos desnudos de la temporada. El oído no sirve solo para abandonarnos a los ritmos de cualquier *playlist*, sino ante todo para estar en guardia frente a los peligros del tráfico y de los peatones, siempre demasiado lentos y distraídos, y la vista sirve para mirar a nuestro alrededor a la espera de divisar la línea de meta.

Al obligarme a concentrarme en lo que ocurre a mi alrededor y no solo dentro de mí, correr me ha concedido el raro don de sentirme por fin parte de la naturaleza y no solo espectadora de un panorama que se admira desde lo alto de un balcón. Finalmente, y quizá por primera vez, mi cerebro ha vuelto a hacer aquello para lo que está programado desde los tiempos del *Homo sapiens*: catalogar el mundo exterior —la naturaleza— en busca de peligros y presas, en vez de arrastrarnos exhaustos por las praderas infinitas de nuestros pensamientos, en las que nada sino la angustia es verdadero ni concreto.

Hasta los años sesenta, los pocos, poquísimos joggers que se obstinaban en andar trotando por los parques de sus ciudades eran tomados por locos. La carrera, cuando no se practicaba en el rígido marco de las actividades deportivas, era vista todavía como un hobby extraño, en absoluto corriente, y muy a menudo percibida como algo sospechoso. El atletismo y más en general cualquier tipo de ejercicio físico era algo reservado a los clubes, a las federaciones, en el ambiente cerrado de sus estadios y de sus campos; el deporte era un dominio circunscrito a las élites que, por supuesto, no se practicaba a solas, improvisando a la vuelta de la esquina.

Resulta curioso hoy en día constatar que, a partir de los años sesenta, el imparable boom del running lo promovieron en su origen los hippies; nos inclinaríamos más bien a imaginarnos a los «hijos de las flores» dedicados a fumar marihuana en un concierto de reggae y no sudando por la calle calzados con zapatillas de deporte. Al principio fueron sobre todo las contraculturas surgidas con el Flower Power y el sesenta y ocho las que reivindicaron la libertad que tenía el individuo de estirar las piernas corriendo como y cuando le diera la gana; el running se convirtió de hecho en una pretensión de emancipación capaz de condensar tanto el movimiento ecologista como el feminista. Asimismo, aparte del anhelo de libertad, los hippies no pasaron por alto tampoco el lado «místico» de la carrera, capaz de conducir al runner disciplinado a dimensiones ya de por sí distintas, tan psicodélicas como las drogas, pero inocuas o, mejor dicho, beneficiosas para la salud.

Cuando corro, casi siempre por el mismo itinerario, conozco prácticamente todos y cada uno de los árboles de Montmartre; observándolos casi a diario poseo el latido de su existencia a través de las distintas estaciones, que para mí se han convertido en una experiencia concreta a través del cambio de sus hojas y de sus flores, y no son solo una idea abstracta marcada por las fiestas de Navidad —o sea, invierno— o por las vacaciones —o sea, verano—. Si tengo que salir, después de una carrera sé perfectamente si «fuera» hace frío o calor y, por lo tanto, si debo llevarme un jersey o el paraguas, sin necesidad de consultárselo antes a la app del tiempo del móvil.

Pasar tanto tiempo al aire libre ha hecho de las variaciones de temperatura y de presión mis amigas, algo perfectamente natural en su ciclo, y no incordios irrelevantes que se suprimen a golpe de calefacción o de aire acondicionado.

«No existe el mal tiempo, existen solo las personas perezosas», decía Bill Bowerman, entrenador y cofundador de Nike. Muy a mi pesar, me veo obligada a darle la razón: el running me ha demostrado que no llueve demasiado casi nunca, o casi nunca sin parar por lo menos durante el tiempo de salir a correr. Friolera y perezosa como era cuando empecé a correr, verme sorprendida por una tormenta gélida era lo que más me angustiaba, y cualquier rastro de cielo gris en el horizonte constituía un buen pretexto para no salir a entrenarme. Al correr, me he dado cuenta por fin de que los días de lluvia constante, durante veinticuatro horas ininterrumpidas, existen solo en el símbolo meteorológico de la nubecita oscura que suelta gotas de agua. Casi nunca, ni siquiera en algunos días lúgubres de noviembre, me he visto obligada a renunciar a mi carrera a causa de una lluvia incesante; siempre me ha bastado posponerla unas horas para encontrar por lo menos veinte minutos sin agua, incluso en los días más grises. Podría decir lo mismo del calor, del viento o de los días demasiado cortos, cuando oscurece ya a primera hora de la tarde; correr me ha enseñado a ser más paciente, más elástica y a veces incluso más fantasiosa.

También gracias a la carrera ha cambiado mi mirada hacia la ciudad: conozco mi barrio mejor que cualquier página de Google, mi memoria fotográfica de tiendas y restaurantes se ha vuelto infalible, lo mismo que la confianza con la que decido cambiar de itinerario o explorar una calle que no había recorrido nunca. Al convertir cualquier estímulo en una distracción mental, sé exactamente qué van a poner en el cine o en el teatro el fin de semana que viene, observo qué hay en los escaparates de las tiendas o qué está de oferta en el supermercado, a veces tomo nota mentalmente de un bistró junto al cual paso y que me gustaría probar.

Además, he tenido el placer de correr por primera vez en ciudades en las que estaba de paso, por trabajo o de vacaciones; ha sido impagable el alivio que ha supuesto descubrirlas de ese modo, simplemente corriendo, liberándome de la asfixiante dictadura de las listas del tipo «Las diez cosas que es imprescindible ver», y ha sido mayúscula la sorpresa de sentirlas un poco mías después de apenas unos kilómetros de carrera; por lo demás, en internet pueden encontrarse ya blogs especializados en itinerarios turísticos *slow* para runners curiosos que estén de viaje.

Nada demasiado bucólico, me doy perfecta cuenta de ello; igual que soy consciente de que no basta con ser fan del running para cambiar el mundo. Pero para ser un poco más corteses y respetuosos sí; sentirnos parte del ambiente constituye la mejor ocasión para dejar de ser clientes y convertirnos en habitantes y, por consiguiente, para cuidar esa «casa» que está inscrita en la raíz de la palabra «ecología».

Correr nos hace sin duda mucho más exigentes: todo corredor no solo quiere mantenerse sano, sino que exige poder entrenarse en un ambiente sano; ningún corredor se contentaría con aceptar que el parque del vecindario o el sendero a lo largo del río por los que corre todas las mañanas se conviertan en aparcamientos o se vean envenenados por la acumulación de desechos; cualquier deportista está dispuesto a luchar para que el aire que respira sea, en definitiva, respirable en un contexto que no se parezca a una autopista perpetuamente atascada.

Sin necesidad de adoptar posturas radicales como la de algunos runners ecologistas, según los cuales la única forma de respetar la naturaleza corriendo es limitarse a entrenar alrededor de casa, sin desplazamientos contaminantes y superfluos, para muchísimos otros, entre los que me incluyo, correr representa el primer paso, el paso necesario para cruzar el umbral de la naturalidad del hecho de vivir, que a menudo se convierte, si no en una revolución, sí al menos en una mayor amabilidad hacia el mundo en el que corremos; una forma radical de respeto hacia nosotros mismos, hacia los demás y hacia el medio ambiente. Una toma de conciencia ecológica cada vez que nos atamos las zapatillas de deporte.

Junto con la revolución salutista y la revolución ecológica hay también otra ola que se ha abatido sobre el running y, de modo más general, sobre el mundo del deporte: la tecnológica. Siempre según los datos del Foro de la Carrera a Pie de 2016, el 72 por ciento de los runners salen a correr solos, pero siempre en compañía de un dispositivo tecnológico.

Desde hace unos años ya no son solo cronómetros digitales y dispositivos electrónicos para escuchar música o pódcast; ahora de la carrera se ha empezado a medir todo, en cualquiera de sus aspectos e incluso más allá de ellos. Y los runners contemporáneos, provistos de cualquier artilugio tecnológico imaginable, se parecen ahora más a los protagonistas de una película distópica que a los atletas de la antigua Grecia, que se entrenaban desnudos y provistos exclusivamente de la fuerza de sus músculos.

Las primeras veces que salí a correr no llevaba nada más que el smartphone, sincronizado con alguna de las múltiples aplicaciones gratuitas de running que, con GPS integrado, calculan la distancia recorrida, la velocidad, los desniveles y poco más. Seis meses después, había dejado de ser una corredora dominguera solo para verme reducida a esclava de mi novísimo smartwatch, que tomaba nota de todo lo que tuviera que ver con mi mísero cuerpo agotado por la carrera; no solo los datos externos, como los kilómetros recorridos y el ritmo de los pasos, sino también el esfuerzo de mis órganos, desde los latidos del corazón, con su correspondiente electrocardiograma, hasta el volumen máximo de oxígeno consumido por minuto, llamado «VO_2 máx», indicador del nivel cardiorrespiratorio y aeróbico personal (mide la capacidad del organismo de transportar el oxígeno aspirado por los pulmones a todos los rincones del cuerpo a través del sistema circulatorio, para poder transformarlo en energía), que se ha convertido en una especie de oráculo de las prestaciones de cualquier atleta, parámetro cuya existencia había ignorado yo cándidamente hasta el día anterior. Combinando estos valores y mil más, el algoritmo de los relojes para correr modernos es capaz de establecer la edad biológica, no solo la oficial, del cuerpo, el margen de mejora y cuánto y cómo hay que entrenarse para alcanzar mejores prestaciones, el nivel de forma física y la velocidad de recuperación.

Y pensar que en la antigua Grecia el único dato que se podía medir y controlar era el resuello, por lo demás bastante evidente, ya fuera largo o corto. «El límite de la fuerza del ejercicio es el cambio de la respiración; de ahí se deriva que los movimientos que no provocan variaciones de la respiración no merecen el nombre de ejercicios», escribía el médico Galeno ignorando por completo la diferencia entre ejercicio aeróbico y anaeróbico. Hoy en día, gracias a la tecnología, en el deporte se mide todo con una especie de obsesión por controlar las prestaciones del cuerpo que empuja a los entrenadores a recrear en el gimnasio todas las condiciones y variables de contexto posibles para someter a prueba las reacciones físicas de los atletas a partir de algoritmos, tan sofisticados que cabe preguntarse si se están probando deportistas o máquinas; una de las últimas pruebas de supremacía tecnológica han sido los recientes Juegos de Tokio, que, 2.797 años después de la primera Olimpiada, han visto a los atletas dispuestos a desafiar el clima húmedo y caluroso de Japón después de entrenarse durante meses en gimnasios y piscinas que reproducían artificialmente la altitud, la humedad y el porcentaje de oxígeno del lugar en el que a la postre habrían de competir.

Mientras que de los atletas se monitoriza tecnológicamente hasta el más mínimo de sus gestos, los ingenieros, por su parte, se han volcado en el equipamiento. Fijándonos solo en la carrera, las zapatillas de deporte con la suela más baja que las de una bailarina que usaba Emil Zátopek en los años cincuenta, cuando estableció el récord mundial de fondo, harían reír en la actualidad a todo el mundo; a partir de los años setenta, las grandes marcas deportivas han dado literalmente rienda suelta a su imaginación para encontrar respuestas tecnológicas a las necesidades de los atletas, partiendo de sus sucintos atuendos y sobre todo de su calzado, y han sacado modelos cada vez más sofisticados y fabricados con materiales provistos de una gran capacidad de amortiguación, fruto de largas investigaciones por parte de físicos y químicos.

Si determinadas historias acerca del nacimiento de algunos modelos de *sneakers* son verdaderamente fascinantes, dejarían perplejo a cualquiera las consecuencias de las últimas zapatillas concebidas por Nike y luego remedadas por otras marcas —las llamadas «de tacón» debido a la plataforma interna apoyada en una suela de carbono—, que garantizarían a los atletas una ventaja de por lo menos un 1,5 por ciento en sus prestaciones y que han provocado un auténtico chaparrón de récords, empezando por el maratón de la ciudad de Tokio de marzo de 2021, en el que cuarenta y dos hombres provistos de estas costosas zapatillas llegaron a la meta en menos de dos horas y diez minutos, dato verdaderamente sensacional (un japonés, Kengo Suzuki, ha sido el primer hombre no nacido en África que ha logrado derribar el muro de las dos horas y cinco minutos).

Evidentemente, como en el caso de la tormenta salutista, también he caído de lleno en esta oleada tecnológico-deportiva. He pasado meses estudiando cualquier tipo de publicación, anuncio y boletín electrónico para estar informada acerca de las últimas novedades de las grandes marcas y para elegir el calzado más futurista, descubriendo en todo momento que de repente necesitaba algo nuevo sin lo cual, no obstante, había logrado sobrevivir, en mi ignorancia, hasta el día anterior.

No es que confiara en batir sabe Dios qué récord gracias a un par de zapatillas de carrera tecnológicas, que quede claro; en mi caso haría falta un milagro. Por el contrario, me sentía orgullosa de formar parte de un nicho de mercado, de un pequeño mundo exclusivo en el cual me había iniciado el running y que no hacía más que estudiar física, química y biología para permitirme correr mejor y durante más tiempo. Era la obnubilación del marketing, que gracias a un par de zapatillas nuevas me hacía acariciar un cambio que no habría experimentado nunca, el paso de la condición de diletante, que corre vestido un poco de cualquier manera, al de campeón profesional con una línea innovadora y de altísima gama, creada a medida.

Mucho menos excitante ha sido, en cambio, mi experiencia con los chirimbolos tecnológicos que se atan a las muñecas y que para mí han sido algo más parecido a una cárcel psicológica que a una liberación de mis escasas potencialidades deportivas. Será sin duda por mi carácter rígido y mi espíritu innato de obediencia, pero lo cierto es que ha habido veces en que he salido a correr casi solo para que se callara mi smartwatch, que se escandalizaba si yo no respetaba los objetivos de entrenamiento que él mismo me había fijado; de hecho, me había vuelto esclava de la presión de sus fastidiosas notificaciones, que cada día me exigían que diera más pasos que el anterior, de sus balances mensuales y anuales acerca de mi estado de preparación, una de cuyas variaciones hacia abajo hacía que de repente me sintiera una inepta, de su ausencia total de límites, por la cual, aunque corriera un día veinte kilómetros, siempre estaba dispuesto a ordenarme que corriera más todavía al siguiente.

Estoy absolutamente segura de que este tipo de avisos, de desafíos frente a uno mismo y frente a los demás, de recordatorios y gráficos, son una manera excelente de motivar los ánimos y las piernas de los corredores, cuya fuerza de voluntad vacila; conmigo, en cambio, no funcionan, me angustian, me hacen sentir incapaz e incluso culpable frente a un smartphone de plástico; del cual felizmente he acabado por deshacerme, sintiéndome de nuevo libre y dueña de mis carreras.

Ahora corro vestida un poco como me parece —algunas veces, por la mañana temprano, incluso con la camiseta con la que duermo— y armada solo con mi smartphone, que con discreción calcula la velocidad y la distancia recorrida, ni más ni menos (algunas veces ni siquiera eso, cuando se queda sin batería). No será el método de entrenamiento más preciso y ortodoxo, pero a mí me va bien así; prefiero fiarme de parámetros más artesanales y menos universales, pero que considero más eficaces, como valorar el resultado a partir de cómo me siento antes, durante y después de una carrera, y adecuar entonces el ritmo a mi forma física personal o al humor del día, y no a las amenazas de un reloj.

Por lo demás, con tecnología o sin ella, una de las enseñanzas más notables que me ha proporcionado correr ha sido dejar de obstinarme en pretender corregirme o corregir a los demás abrigando la ilusión de un progreso personal constante; el running me ha demostrado, por el contrario, la inevitabilidad de los límites y, por tanto, la obligación, física y moral, que tenemos de intentar mejorar dentro de ellos.

Si tuviera que ponerme a contar las veces que no tenía ganas de correr y aun así he salido a hacerlo, debería concluir que más o menos han sido todas.

Por supuesto, esta mañana tampoco tenía ganas de ponerme las zapatillas de deporte y bajar a la calle; han pasado tres años desde que quedé deslumbrada con el running, y aun así continúo sintiendo cierta incomodidad, teniendo la impresión —la certeza— de que soy una privilegiada, de que me esfuerzo demasiado en algo superfluo, prescindible, a fin de cuentas completamente inútil. Sin embargo, hoy también he salido a correr; ganas no tenía, pero necesitarlo sí que lo necesitaba.

Como del desarrollo de mis piernas me interesa poco, por no decir nada —tampoco han cambiado tanto desde que su margen de acción se hallaba limitado por las patas de un escritorio; a lo mejor se han afinado un poco, pero nada demasiado extraordinario—, creo que habría dejado de correr después del primer intento fallido de no ser por el bienestar mental que me proporciona la carrera. Desde las primerísimas veces que he pisado la calle como runner, esa especie de tregua de la presión y del ansia de vivir me ha desconcertado por su consistencia y su intensidad: nunca había experimentado nada parecido, incluso el efecto de las benzodiacepinas resulta ridículo comparado con media horita de carrera; imagino que para cualquier deportista todo eso es descubrir la sopa de ajo, pero para mí la revelación del running ha sido total, al imponerme la carrera como algo necesario para una infinidad de cosas, entre las cuales una de las últimas sería la forma física.

Precisamente estaba pensando en ello esta mañana cuando al cabo de cinco kilómetros, al torcer por el canal en la zona de place de la Bastille, me sentía más enérgica y más decidida que un revolucionario a punto de guillotinar al rey. Aunque a diario mis músculos no hacen más que decir que no, mi cabeza implorante y agradecida me suplica que responda siempre que sí.

No hay para mí alegría más grande, al menos si me limito al ámbito de la carrera, que pasar como una exhalación por las aceras de París con un pódcast sobre mindful running *en los oídos, como he hecho hoy desafiando al viento helado y a la molesta llovizna de un triste día de final de verano francés. Casi todas las apps sobre running relacionadas con las grandes marcas de ropa proponen de hecho sesiones de carrera dirigidas por un* coach *mental. La que he utilizado hoy combinaba la voz de un* trainer *de atletismo con las enseñanzas de un maestro de* mindfulness *(nada que fuera demasiado transcendental, dejémoslo bien claro, ni demasiado pedagógico).*

Desde que descubrí estos programas de entrenamiento mental además de físico, he quedado tan fascinada por ellos que a veces me pregunto si, en el fondo, no será por eso por lo que me obstino en correr, para meditar en mo-

vimiento. Más allá de los principios que he aprendido, que pueden encontrarse fácilmente en cualquier programa dedicado al bienestar mental —la urgencia de estar en el momento presente, de abandonar las ansias de control, de mostrarnos pacientes y agradecidos hacia nosotros mismos y hacia el prójimo—, el placer purísimo que me depara este entrenamiento del cerebro tiene, además, unos resultados estupendos evidentes en otros ámbitos de mi vida, incluso una vez que me he quitado las zapatillas de deporte. Aunque corriendo mis músculos no han cambiado demasiado respecto a cuando vivía sumida en el sedentarismo, mis neuronas, en cambio, sí que lo han hecho, y mucho. Ha sido el cerebro, no las piernas, la parte de mi cuerpo que la carrera ha ejercitado más, hasta el punto de preguntarme llena de desconcierto por qué no lo había hecho antes y, sobre todo, por qué no lo hace todo el mundo.

Aunque desde fuera no se vea, esta preparación mental es el resultado que más orgullosa me hace estar de mi nueva vida de runner y, tal vez, el único motivo por el que sigo corriendo. No solo es cuestión de un genérico «bienestar» o de una sensación difusa de paz, sino que es justamente una mejora de mis prestaciones mentales en todo lo que hago, descanso incluido. Los músculos, como he dicho más arriba, me importan poco; si corro es también porque quiero descubrir hasta dónde puedo llegar entrenando mi cerebro, cuán ágil y rápido puede llegar a ser si todos los días me empeño en dejarlo libre durante un rato permitiéndole no hacer nada de particular, como el acto de correr, en vez de tenerlo esclavizado encima de libros y diccionarios.

Por desgracia, aparte del levantamiento de pesos cerebrales, una cosa resulta innegable desde que he empezado a creer en la idea de escribir este libro: correr me pesa cada vez más. Tengo muchas menos ganas que antes y ya no tengo absolutamente ninguna necesidad de hacerlo.

Me parece que correr ha invadido todos los aspectos de mi vida, y ya no puedo más. No solo el running ha ocupado todas mis conversaciones, los amigos no hacen más que preguntarme por la fecha del maratón de Atenas —que está acercándose demasiado— y no hago más que leer libros y artículos sobre el tema, sino que sobre todo ha atascado mi escritura y viceversa, sumiéndome en un círculo vicioso y agotador en el que ahora ya no sé cómo dar marcha atrás.

Si salgo a correr es para pensar en correr y escribir a continuación sobre el asunto. Y después de escribir me siento exhausta y sin energías, y entonces tengo necesidad de salir una vez más a correr para encontrar nuevos motivos de inspiración narrativa. El running era mi espacio libre de vínculos y pensamientos, que no había compartido nunca con nadie. Ahora la calle se ha convertido en el cuadernito en el que anoto las ideas que pronto voy a compartir con los lectores.

Hay días, como esta mañana, en los que el acento norteamericano del coach *mental que suelta la app en mis auriculares funciona y entonces vuelvo a casa regenerada y un poco más animada, dispuesta a ponerme a escribir de nuevo. Hay otros días, en cambio, en los que tiraría el pódcast y sus consejos zen directamente al Sena, junto con las páginas que estoy escribiendo.*

Debe de ser la inquietud fruto de la inexperiencia; nunca he escrito un libro tan libre, tan abierto, tan distinto de los anteriores, y tampoco he corrido nunca un maratón. En los momentos más oscuros sueño alternativamente con abandonar para siempre la escritura en cuanto acabe este proyecto, o bien con dejar de correr, o incluso con las dos cosas.

Por ahora, en cualquier caso, me parece que resisto; salgo a correr para escribir y para escribir corro. Formulado así puede que haga sonreír, pero por el momento en eso es en lo que se ha convertido mi vida e, igual que todo el mundo, intento mantenerme en equilibrio como puedo.

8

KALÒS KAGATHÓS. UNA ESTÉTICA

DEL RUNNING

En tal caso, parece que la excelencia es algo como la
salud, la belleza y la aptitud para la carrera [la buena
disposición del ánimo].

PLATÓN, *La república*

A veces me pregunto si todo este andar corriendo de
aquí para allá no es más que un intento desesperado
de ir más deprisa que el dolor. De una cosa estoy bien
segura: todos los corredores que por las mañanas nos
obstinamos perversamente en atarnos los cordones
de las zapatillas de deporte somos unos grandes ma-
soquistas.

*Maestro, che è tanto greve / a lor che lamentar li fa sì
forte?* [«Maestro, ¿qué es para ellos tan duro / que los
hace tan fuerte lamentarse?»], le pregunta Dante a
Virgilio («Infierno» III, 43-44), horrorizado por los
gemidos que oye procedentes de la antesala del infierno. Es gente que corre, responde sin dilación su
guía; se trata de los ignavos, los indolentes, aquellos
que cuando estaban vivos no supieron adoptar una
postura y alinearse del lado del bien o del mal, y que
ahora, en el vestíbulo del infierno, están condenados

para la eternidad a correr en vano detrás de un lienzo blanco, símbolo de su cobarde indecisión.

La carrera es el primer castigo que el lector de la *Divina Comedia* encuentra en el infierno; los «runners del más allá» le parecen a Dante tan desesperados que los define como gente *che par nel duol sì vinta* [«que en su duelo parece tan vencida»] (*ibidem*, 33). Los que en su vida fueron *sanza 'nfamia e sanza lodo* [«sin infamia y sin loa»] (*ibidem*, 36) se ven obligados a correr hasta el infinito, desnudos, sin meta, mientras abejas e insectos los pican en sus carnes y gusanos horribles se alimentan de su sangre y sus lágrimas. Indecisos y petulantes, los ignavos son tan insoportables en su carrera que ni Satán los quiere en el infierno, y Virgilio advierte a Dante: *Non ragioniam di lor, ma guarda e passa* [«No hablemos de ellos, sino mira y pasa»] (*ibidem*, 51).

Sin odiosos insectos y con el añadido de unos centímetros de tela, esta escena de la *Comedia* no es en definitiva tan distinta del espeluznante espectáculo que ofrece un maratón contemporáneo. A quien no practica el running, asistir a un maratón fuera del contexto olímpico le recuerda directamente un suicidio colectivo, un apocalipsis del género humano cuyos participantes, paradójicamente, exhaustos y como alucinados, persiguen por voluntad propia su propio sufrimiento.

Excepción hecha de los poquísimos runners profesionales, para los que correr 42,195 kilómetros es poco más que un paseo, quien se encuentre por las calles de Nueva York, Roma o París el domingo en el que se celebra el maratón anual verá desfilar ante él a decenas de millares de individuos de todas las edades y procedencias que, a menudo bajo una lluvia inclemente o un frío polar, parecen marchar hacia la muerte, que probablemente producirá el mismo agotamiento que acabó con el primer maratonista de la historia, Filípides. Hay quien vomita, quien retuerce los brazos, quien intenta con las manos liberarse de los calambres en los gemelos o de las punzadas lacerantes en el costado, quien llora y quien reza; pocos parecen contentos por correr, casi ninguno, confirmando lo que declaró otrora Emil Zátopek, famoso por sus desesperadas muecas de dolor mientras corría: «No tengo suficiente talento para correr y sonreír al mismo tiempo».

Han pasado también a la historia del running la tenacidad y la determinación de Gabriela Andersen-Schiess, lo mismo que su resistencia casi sobrehumana al dolor. En efecto, en las Olimpiadas de Los Ángeles 1984 la maratonista suiza llegó a la meta retorciéndose de dolor, presa de terribles convulsiones por la deshidratación, extenuada, antes de derrumbarse en estado de inconsciencia en los brazos de los socorristas. Las emotivas imágenes de su esfuerzo extremo dieron la vuelta al mundo, suscitando no pocas polémicas y reacciones de desconcierto ante tanto y tan cruel sufrimiento físico, exhibido ante los ojos de todo el mundo (casi me pongo a llorar cuando volví a ver la escena en internet).

Ya podían Platón y los griegos en general hablar de la belleza ínsita en el gesto del deportista, de la elegancia en la sumisión voluntaria al sufrimiento, de la gloria estética que había que buscar en el sudor y el polvo. Será verdad, pero rara vez en mi vida me siento tan fea como cuando corro. La cara amoratada, el cabello empapado, las salpicaduras de barro en las piernas si llueve o un sudor que chorrea sin piedad por todas partes si hace calor; correr es para mí lo contrario de cualquier ideal estético. Y cuando al término de un entrenamiento me arrastro hacia casa y cruzo el zaguán del edificio en el que vivo, ruego ardientemente que no me vea nadie.

Correr no presupone encanto. Elegancia tal vez sí, para los pocos afortunados que poseen por naturaleza una zancada hermosa, pero el gesto de llevar el cuerpo humano al límite último de sus capacidades físicas desmantela paso a paso la estética pacífica propia del estado de reposo. Y es precisamente por ese dolor, intolerable aunque se pueda amaestrar, por lo que nos gusta correr.

Nadie a quien se le preguntase por la experiencia casi mística de haber corrido un maratón hablaría como primer detalle —ni tampoco como décimo, me temo— de la belleza de la ciudad en la que participó en él, la simpatía de los compañeros de desventura, la eficiencia o las lagunas de la organización, o la calidad de los puntos de avituallamiento; secos y sintéticos, todos cuentan que sufrieron como bestias. Esa es la parte que más les gustó, y la motivación para seguir corriendo; nadie correría un maratón si fuera fácil, agradable e indoloro.

Sobre todo ahora que faltan pocas semanas para mi maratón de Atenas, los días en que, además de la falta de aire, me parece que voy a escupir también los pulmones, cuando todas las células de mi miserable cuerpo piensan solo «¡no puedo más!», lo que me consuela y me mantiene en pie es repetirme que todo este dolor lo he escogido yo. Ya lo sabía, lo he querido, lo he buscado, y estoy dispuesta a vivirlo, fiel a la máxima en inglés *no pain, no gain*.

Así pues, el corredor sufre, y un maratón es verdaderamente la antesala dantesca del infierno. Hasta el punto de preguntarse uno si Dante, que la describe tan bien, no fue a su vez un runner. Nadie oculta que correr es despiadadamente duro, no solo porque no puede, sino porque ese sufrimiento es en cierto modo el sentido mismo y la divisa del running. Si no se sufre, si no se pone con sadismo el pie donde duele, significa que no se está corriendo de verdad.

El sufrimiento en el running es, por tanto, buscado, escogido, exhibido, y justo después se convierte en medalla y relato.

El ideal griego de perfección física y moral se resumía en una sola palabra, καλοκἀγαθία (*kalokagathía*), una crasis de la pareja de adjetivos καλὸς καὶ ἀγαθός (*kalòs kài agathós*), que muy sintéticamente significa «bello y bueno».

Recuerdo que en el instituto llegué a traducir decenas y decenas de ejercicios en los que aparecía este antiguo binomio belleza-bondad, sin haberlo entendido nunca a fondo. La fórmula, traducida de memoria como frase hecha, sonaba a mis oídos admisible, sí, pero lejanísima; llegaba a intuir el significado moral ínsito en la belleza estética, pero poco más, porque de hecho estaba todavía sembrando para construir mis propias categorías estéticas. Además, si lo que es «bueno» por las virtudes que posee parece también, a ojos del que mira, indiscutiblemente «bello», los griegos para mí eran siempre todos bellísimos. Puede que Homero fuera ciego y que Sócrates fuera «bello por dentro» pero mucho menos por fuera, como un sileno, según el símil utilizado en *El banquete*, pero el valor sublime de sus obras ha hecho que me los imagine siempre rubios, apuestos y musculosos, como los artistas de las películas estadounidenses ambientadas en Troya y sus alrededores.

Siempre he pensado que para alcanzar ese anhelado ideal de perfección que encierra el lema καλὸς καὶ ἀγαθός (*kalòs kài agathós*) era preciso escribir la *Ilíada*, ser los primeros en dar un nombre a los planetas de nuestra galaxia, esculpir el Partenón o inventar *ex novo* un sistema filosófico; o por lo menos sacrificarse en las Termópilas para que ganara la guerra tu pueblo. Creía que quien no hubiera demostrado que estaba a la altura de Homero, de Platón o de Pitágoras habría sido relegado a la otra mitad del campo, la que corresponde a quienes, por el contrario, merecen los dos adjetivos contrarios, κακὸς καὶ αἰσχρός (*kakòs kài aischrós*), «malo y feo», hacia los cuales estaba encaminándome de buen grado, un poco como todos los que no han tenido la suerte de nacer en la Atenas del siglo v a. C.

Luego, mientras preparaba mi primer maratón y trabajaba como una condenada, me di cuenta de que durante veinte años había vivido exclusivamente en la «cabeza» de los griegos, esforzándome por comprender su lengua, su poesía, su filosofía y todo el catálogo de las maravillas creadas por sus portentosas neuronas. Pero había olvidado que también tuvieron un cuerpo, hecho de carne, de sangre, de impulsos, de ganas y de necesidad de moverse. Corriendo en el intento desesperado de emular a Filípides he comprendido por fin que, por una vez, valía la pena meterme en las piernas y los pies de los antiguos, porque, si bien es verdad que para aspirar a la καλοκἀγαθία (*kalokagathía*), la «excelencia», el cerebro tiene que estar bien entrenado, los músculos no pueden estarlo menos. Y para escribir un poema épico quizá no baste la inspiración de la musa; se necesitan también unas piernas ágiles y unos tobillos robustos.

Platón dice en el *Timeo*: «El matemático y el que realiza alguna otra práctica intelectual intensa debe también ejecutar movimientos corporales, por medio de la gimnasia, y, por otra parte, el que cultiva adecuadamente su cuerpo debe dedicar los movimientos correspondientes al alma a través de la música y toda la filosofía, si ha de ser llamado con justicia y corrección bello y bueno simultáneamente [καλὸς καὶ ἀγαθός]» (88c). Y un poco más adelante añade que el deporte es el mejor «vehículo para el espíritu».

Es evidente —y escandaloso también— que todo esto me había pasado desapercibido hasta que me puse las zapatillas de correr. Durante años y años había permitido que mi alma se abandonara a todos «sus movimientos», como dice Platón, algunos de ellos no poco temerarios, pero lo que son las piernas las había mantenido cómodamente debajo del escritorio o estiradas en el sofá. Ante las estatuas de los atletas y de los héroes griegos he quedado siempre exhausta a fuerza de exprimirme las meninges intentando profundizar en los conceptos de armonía y de simetría, cuando la que estaba en desequilibrio era ante todo yo, esclava de una inmovilidad que, lejos de fortalecer mis pensamientos, los volvía más flojos y débiles. Ahora sé que delante del *Discóbolo* y de todas las demás figuras, habría valido la pena preguntarme por sus abdominales de acero además de por la proporción áurea y por su aire atribulado.

Será sin duda, como decía en otro pasaje de este mismo libro, por el hecho de que en mi vida nadie me ha tomado de la mano y me ha conducido por el camino del atletismo. Aun así, tampoco ayuda todo un sistema, educativo primero y laboral después, que empuja a mantener una posición sedentaria durante más de una tercera parte, si no la mitad, de la jornada; si hoy en día tuviera que contar las horas que he pasado detrás de un escritorio estudiando o trabajando, mucho me temo que no serían suficientes cien maratones para compensar el triste estado de sedentarismo en el que he pasado tres décadas de mi vida. Sin embargo, el primer liceo de la historia, el que fundó Aristóteles en las inmediaciones del santuario de Apolo Licio, de donde proviene precisamente la palabra «liceo», se llamaba «peripatético» porque preveía largas discusiones filosóficas en movimiento, con docentes y estudiantes caminando sin parar; este mismo término, que designará más tarde el pensamiento aristotélico, deriva precisamente de los περίπατοι (*perípatoi*), las «columnatas de los pórticos» del gimnasio de Atenas, donde los jóvenes se dedicaban a los ejercicios deportivos; y todavía en la actualidad el significado de la palabra «gimnasio» oscila en muchas lenguas para indicar tanto la palestra deportiva, como en castellano, como la escuela preparatoria para los estudios superiores, la «palestra» de las letras, como en italiano o en francés.

Muchos siglos después, también Montaigne escribiría en sus *Ensayos*: «Mis pensamientos duermen si los mantengo en reposo. Mi espíritu no avanza tanto solo como si las piernas lo mueven».* Como buena y perezosa heredera de la cultura judeocristiana, no solo había yo pensado siempre que cuerpo y alma estaban indisolublemente separados y no comunicados, sino que había considerado sin la menor duda que la segunda era superior al primero. Parafraseando a Montaigne, mis pensamientos deben de haber estado adormilados durante mucho tiempo sentados en todas las sillas a las que he permanecido voluntariamente clavada. Durante decenios el diccionario de griego (que he llevado por ahí debajo del brazo porque era demasiado grande para que cupiera en la mochila) me ha parecido siempre más digno de honor que la bolsa del gimnasio. Creía erróneamente que

*   M. de Montaigne, *Los ensayos. Según la edición de 1595 de Marie de Gournay*, ed. y trad. de J. Bayod Brau, Barcelona, Acantilado, 2007. *(N. de los T.)*

tenía los pensamientos más hipertrofiados y entrenados del barrio a fuerza de estar a todas horas pegada a los libros; ahora sé que solo eran los más asfixiados y neuróticos.

Era, pues, por una ignorancia inexcusable y por una inexperiencia infantil por lo que, hasta hace unos años, la simple idea de ponerme a correr unos metros habría hecho que me echara a reír por absurda e inútil. Ahora, en cambio, me parece todo tan evidente y tan natural que, de alguna manera, creo que preparar un maratón es la actividad más «griega» a la que pueda haberme dedicado nunca, mucho más que todos los textos que he estudiado y traducido.

Solo ahora me doy cuenta de que las lenguas llamadas «muertas», precisamente porque ya no se hablan en ningún sitio más que en el silencio de nuestra cabeza, en nuestros pensamientos, obligan a una precisión y un rigor insólitos, comparados con la volubilidad y la chapucería de nuestros tiempos. El mismo principio vale para el deporte, que, al no poder contar nada más que con el funcionamiento biológico de nuestros músculos, exige un cuidado, una constancia y una disciplina en los entrenamientos que no pueden evitarse en modo alguno; y si bien es verdad que aprender el griego antiguo o el latín exige tiempo —y estoy hablando de años—, y mucha constancia y mucho espíritu de sacrificio, jugar al fútbol o nadar a niveles profesionales requiere unos esfuerzos igualmente considerables.

Por supuesto, la comparación puede parecer ridícula o ingenua, pero, según mi experiencia, las constantes sesiones de entrenamiento, rígidamente programadas y desde luego nada improvisadas, que me han llevado a correr mi primer kilómetro sin parar, y luego los primeros cinco y los primeros diez, y después los veinte y los treinta y, dentro de unas semanas, mi primer maratón, no han sido tan diferentes, por trabajo, constancia y ambición, del entrenamiento intelectual que, de jovencita, me llevó del alfabeto griego, trazado con caracteres temblorosos, a los paradigmas aprendidos de memoria (de forma un poco demasiado sádica), desde la primera frase traducida hasta la primera versión directa, desde la prosa de Platón hasta un canto, para mí meta suprema, de la *Ilíada* o de la *Odisea*.

Quizá haya invertido los tiempos al escoger hacer que se moviera «mi espíritu» y aprender griego y latín de jovencita y, en cambio, hacer que corran mis piernas cuando ya soy adulta; sin embargo, ahora que fatigosa e inesperadamente estoy preparando un maratón, es la disciplina —el control de mí misma, de mis puntos débiles y de mi ambición—, aprendida gracias a las lenguas clásicas, la que me motiva y me sostiene todas las mañanas que salgo a correr a orillas del Sena.

Y aunque al término de los 42,195 kilómetros que separan Maratón de Atenas mi marca sea risible, al menos mi cuerpo y mi espíritu estarán, por primera vez en mi vida, en movimiento y en armonía, como sugería Platón. No podré aspirar a un récord olímpico, pero sí finalmente a mi propia cota de καλοκἀγαθία.

Y al menos, siempre por primera vez, he encontrado una respuesta práctica que dar a quienes me atormentan preguntándome para qué sirve estudiar las lenguas clásicas: en mi caso, aunque ha hecho falta mucho tiempo, sin duda ha servido para preparar un maratón.

Ahora veo con claridad la sustancia de la que está hecho ese misterioso «bienestar mental» que todos los runners, desde el primero hasta el último, reconocen que es el don supremo de la carrera, el santo grial de la tregua del parloteo incesante y fastidioso de la mente.

Desde un punto de vista biológico, correr implica ante todo el acto de dominar el cuerpo para someterlo a la voluntad de uno, obligándolo a resistir en largas distancias y doblegar así la quietud propia del estado natural de reposo. Sea cual sea el motivo que subyace a la carrera —la gloria inmortal para los campeones antiguos, un récord olímpico para los modernos, adelgazar o mantenernos sanos para todos nosotros—, correr significa ante todo desafiar al cuerpo, imponiéndole un esfuerzo que es ajeno al simple paseo; por eso caminar no basta, porque el sufrimiento que comporta no es suficiente para acceder a una dimensión distinta, a diferencia del estado de reposo.

Al correr sufrimos porque el cuerpo preferiría quedarse quieto, y entonces, mira por dónde, es la mente la que, como compensación, se aplaca y siente placer. Las piernas se mueven y, como por arte de magia, son los pensamientos los que se detienen; la consciencia, por una bendita vez, por fin descansa. Los runners no somos unos perversos fanáticos del masoquismo, como podrían pensar, un poco con razón, los transeúntes que nos ven trotar bajo la lluvia;

en algún sitio, el acto de correr supone placer, solo que no es en las piernas donde hay que mirar, sino en la cabeza. Al correr un maratón los músculos se mueven durante 42,195 kilómetros y el cerebro se está quieto; cuatro horas más o menos de cansancio bestial, de gemelos agarrotados, de pulmones exprimidos con el corazón a mil por hora, pero también cuatro horas de paz mental, de ansias y angustias por fin silenciadas, de cristalina presencia dentro de uno mismo y sobre el asfalto.

La carrera es dura, a veces durísima, pero la paz mental que nos da no tiene igual; su precio viene dado por cuánto estemos dispuestos a extenuar nuestro cuerpo para obtenerla.

Sufrimos en el cuerpo y estamos bien en la mente, eso es todo; la lógica no es tan distinta comparada con la situación inversa, cuando estamos físicamente tranquilos sentados ante el escritorio, pero con el cerebro echando humo porque está empeñado en hacer salir una idea de su madriguera o perseguir un proyecto. Y también vale el principio opuesto: cuando algo no encaja o un pensamiento nos atormenta, más vale sacarlo a dar unos cuantos pasos y desentumecernos las neuronas esperando que, al cansarnos con el movimiento, el ansia o la incertidumbre se vuelvan más dóciles; un poco como cuando, inmersos en pensamientos que resulta difícil imaginar, recorremos el pasillo arriba y abajo y damos infinitas vueltas alrededor de la mesa.

Creo que era eso lo que quería decir Platón: para pensar bien, tenemos que ponernos a correr y permitir que las ideas se refresquen un poco, con el fin de protegerlas de la neurosis y lograr que dejen de dar vueltas sin sentido. Y para hacer deporte también es preciso de vez en cuando estirar cómodamente las piernas en el sofá con un buen libro en la mano.

Respecto a los otros mil deportes en los que prevalecen unas dimensiones distintas —el espíritu de equipo, el agonismo, el hambre de victoria, la relación con la naturaleza—, el placer del running es, pues, mucho menos físico y mucho más mental; no es de extrañar que, según los datos del Foro sobre la Carrera a Pie de 2016, solo una tercera parte de los diecisiete millones de runners franceses afirman que salen a correr por puro placer físico; yo también conozco mil maneras más imaginativas y más amables de dar alegría a mis piernas, en vez de obligarlas a correr decenas de kilómetros. Sin embargo, para alcanzar esa armonía cuerpo-espíritu que proporciona el hecho de correr, todos los runners del mundo están dispuestos a bajar a la calle, sean cuales sean las condiciones atmosféricas o los compromisos de la agenda, para arrancar a los tobillos un poco de paz.

Solo ahora me doy cuenta de que, de hecho, las piernas son solo el instrumento, el medio con el cual se corre, pero que los músculos tienen bastante poco que ver con la carrera; si corremos, no es nunca para ejercitar los gemelos, sino para liberar el cerebro. Desde el primer maratón de Filípides hasta la actualidad, pasando por todas las Olimpiadas, en la calle el runner busca algo muy distinto a la felicidad de los pies; y en el cine, desde *Carros de fuego* hasta *Forrest*

Gump, la carrera es siempre el medio para llegar a otro sitio, allí donde puedan existir por fin nuestras ideas y nuestros valores.

Dominar el cuerpo para liberar el espíritu, sufrir con las piernas para sonreír en la mente; esa es, en efecto, la gramática de la alegría de la carrera. Puede que parezca algo perverso y desde luego complicado, pero es la mejor forma de hacer las paces con la vida que he experimentado nunca. Y es que, si bien correr puede parecer un castigo dantesco para el cuerpo, el bienestar mental que nos procura es algo cercano a la idea de paraíso.

Así pues, una vez descubierto de dónde proviene ese bienestar mental que hace al runner un poco más ἀγαθός (*agathós*), llegamos al segundo punto del binomio, ese καλός (*kalós*) que conduce directamente a la estética del runner... y a la anomalía que haría estremecerse a Platón, a saber, el caso de quien se esfuerza muchísimo para aumentar su musculatura solo con el fin de sentirse «bello», sin que le importe un bledo la faceta intelectual del asunto.

¿Son los runners estéticamente bellos, en el sentido de que corresponden al canon moderno de belleza física? No lo creo. Sin embargo, actualmente no hay casi nadie más a la moda —más *cool*, por decirlo en inglés— que un corredor, aunque sea el más lento y poco agraciado que haya pisado nunca las calles de este planeta.

Los de los maratonistas no son cuerpos «bellos», sino prácticos: fibrados y esbeltos; con el ejercicio pretenden eliminar todo lo que resulta inútil para correr. Efectivamente, en el running cada kilogramo de grasa superflua equivale a llevar a cuestas una mochila cargada con un kilo de piedras. No obstante, aunque delgados, los cuerpos de los corredores no corresponden en absoluto a los modelos estéticos propuestos por los medios de comunicación: músculos finos, piernas como palillos, glúteos planos, brazos esmirriados, cara tensa debido al esfuerzo (hay quienes dicen que la carrera acelera incluso la destrucción de los radicales libres y por lo tanto de las arrugas, y mucho me temo que tienen razón); al contemplar el físico enjuto y macilento de los grandes maratonistas olímpicos, le dan a una más ganas de zamparse un bocadillo que de emularlos en su desesperada carrera.

Aun así, hoy en día correr es ante todo una cuestión de moda; en aras de la brevedad, diría que todo lo que tiene que ver con el running se ha convertido en un reflejo y una tendencia de nuestros tiempos, excepto el esfuerzo que comporta. Con la moda enseguida llega el negocio, el *business*, y viceversa, dando lugar a una paradoja muy curiosa, o mejor dicho sorprendente: en la actualidad los que se visten de runner son mucho más numerosos que los que de verdad practican el running.

En origen fue el chándal, llamado en italiano también «jogging», la única prenda de vestir que debe su nombre al deporte para el que fue creada y de la que surgió la ráfaga de viento que en menos de un siglo creó el

huracán devastador de la ropa llamada *sportswear*. La
palabra habitual en italiano, *tuta*, derivaría de la locu-
ción francesa *tout-de-même*, «igual, todo junto», que
reproduce a la perfección la idea de esta prenda, idea-
da en los años veinte por el pintor futurista Thayaht
(pseudónimo de Ernesto Michahelles), al cual hay
que atribuir también el neologismo que reproduciría,
esquematizado, el modelo del mono de trabajo, también llamado *tuta* en italiano, mediante una gran T
superpuesta a una U, no de base curva, sino en ángulos
rectos, con el corte de los pantalones con las perneras
abiertas, que representaría una A.*

La combinación de chaqueta con capucha y cremallera y pantalones de algodón se convirtió enseguida en el uniforme oficial de los corredores en los
juegos olímpicos durante la entrega de medallas;
los atletas que corrían en pantalones cortos y camiseta de tirantes, una vez alcanzada la meta, se envolvían
en la comodidad y el calor del chándal, para recuperarse, no coger frío y no estar medio desnudos en el
podio delante del público; un poco como los púgiles,
que en lo alto del cuadrilátero se envuelven en un
albornoz. El chándal, llamado en francés *survête-
ment*, literalmente «lo que va encima de la ropa», hizo
su primera aparición en París durante las Olimpiadas

---

* También en castellano la palabra «chándal» tendría origen francés.
  Provendría de *chandail*, abreviación popular de *(mar)chand d'ail*,
  «vendedor de ajos», que era el nombre dado a la prenda de punto
  usada por los verduleros de Les Halles, el mercado de París. Véase
  J. Vendryes, *Le langage. Introduction linguistique à l'histoire*, París, La
  Renaissance du Livre, 1921, citando a L. Clédat, *Dictionnaire étymo-
  logique de la langue française*, París, Librairie Hachette et Cie, 1914.
  (*N. de los T.*)

de 1924 y era de terciopelo; el primero en llevarlo fue el corredor inglés Olivier Johnson Schofield, completándolo además con una corbata. Cien años después, una vez eliminadas las corbatas, el chándal se ha convertido en el uniforme de quien desea sentirse relajado y vestirse en consecuencia, tanto para estar tumbado en el sofá como para salir a dar un paseo, viajar y muchas otras situaciones; en la mayoría de los casos practicar deporte no es la primera opción de quien decide ponerse una sudadera, pantalones de jogging y un par de *sneakers*.

Para llegar desde los juegos olímpicos hasta el armario de cualquier sedentario occidental, en la historia de la ropa deportiva falta la paradoja final, el golpe de gracia infligido por la moda a la vocación atlética: la de que, de hecho, resulte ya inútil y muy a menudo contraproducente para correr. La ruta que ha llevado a la mayor parte de las prendas *sportswear* a ser «de deporte, sí, pero inútiles para la práctica del deporte» empezó en los años ochenta con los videoclips de los raperos estadounidenses, vestidos con chándales *extra large* y zapatillas de baloncesto enormes (imposible correr ni siquiera unos cuantos metros embutido en una ropa semejante), y continuó durante los años noventa con la versión sexy de las cantantes pop para adolescentes (actualmente, cuando corremos, las mujeres ya no nos dejamos sexualizar como si todavía estuviéramos en Esparta).

Y lo mismo vale para las zapatillas de deporte, que a partir de la primera década del siglo XXI salieron de las canchas de baloncesto y de las pistas de tenis para invadir cualquier terreno no deportivo, incluidas bodas y funerales. Las zapatillas de correr resistieron tímidamente esta primera oleada de la moda, porque eran bastante feas, hasta que Nike las dotó de amortiguadores de gel, colores deslumbrantes y una comodidad difícil de superar (igual que su precio); háganme caso: la próxima vez que se encuentren ustedes en un lugar lleno de gente, ya se trate de la sala de espera de la estación o de un museo, fíjense en que las zapatillas de correr más sofisticadas las lleva, en la inmensa mayoría de los casos, gente que no está corriendo y que muy probablemente no correrá nunca.

Si bien los griegos corrían desnudos o casi, frente a estas cabriolas sociológicas me siento antigua y desorientada, como Filípides y compañía. Dos son los aspectos que más me chocan de esta deriva estética que ha hecho del running la filosofía —mejor dicho, el *lifestyle*— más de moda que pueda existir hoy en día: la rapidez y la diabólica perfidia comercial.

Sobre la rapidez con la que, en cuestión de dos décadas, se han metido las zapatillas de deporte en los pies de todos los que no hacen deporte solo puedo aludir al vértigo que me produce el paso del tiempo, la sensación de estar siempre un poco en diferido, de ir siempre demasiado lenta. Solo tengo treinta y cinco años y, sin embargo, recuerdo que cuando era niña el chándal de algodón estaba previsto ponérselo únicamente durante las dos horas semanales de educación física en la escuela, por tratarse de una «ropa estrictamente deportiva», un poco como los pantalones de esquí, que se usan tan solo en la montaña, o el bañador, que llevamos en la playa. Asimismo, nunca se me habría pasado por la cabeza ponerme una sudadera por algún motivo que no estuviera ligado con el deporte. Y lo mismo valdría para las zapatillas de deporte; tener un par era más que suficiente para mis (escasas) necesidades deportivas. De adolescente, recuerdo que mi madre me acompañó por mi cumpleaños a una de las primeras grandes tiendas de deportes que, en poco tiempo, aparecieron por todas partes, y cada vez más grandes. Recuerdo nuestra timidez ignorante ante todos aquellos materiales y todas aquellas prendas para practicar deporte, cuya existencia ni siquiera imaginábamos y que, de repente, se habían puesto de moda; corríamos el riesgo de quedarnos fuera. Ya de adulta, todo se ha vuelto del revés: en el armario tengo decenas de sudaderas y de camisetas deportivas y por lo menos tres o cuatro pares de *sneakers*, pero nunca he utilizado nada de toda esta parafernalia para hacer deporte. Mejor dicho, para correr he tenido que procurarme unas zapatillas específicamente «de running» y unos pantalones lo bastante cómodos; una vez, estando de viaje por motivos de trabajo, a falta de zapatillas de running quise de todas formas salir a correr con los *sneakers* que me ponía en mi tiempo libre, pensando ingenuamente que su vocación de zapatillas «de deporte» era universal, y por poco me rompo un ligamento o la articulación de la rodilla.

Por lo que respecta a la destreza comercial que ha hecho del running un fetiche estético más que rentable, *chapeau!* Se trata de una paradoja tan diabólica que merecería un sitio en el «Infierno» de Dante, que por razones históricas no tuvo tiempo de crear un círculo *ad hoc* para los piratas del marketing, condenados quizá por toda la eternidad a desear algo que en realidad no existe.

Si bien para correr no hace falta nada más que una calle y, en consecuencia, es por definición el deporte más parco que existe, no se ha visto nunca una época histórica como la nuestra, en la que todos estamos encantados de pagar mucho por un deporte que no cuesta nada (en contrapartida, estamos más que dispuestos a pagar mucho por no practicarlo). Entre zapatillas para correr que nos ponemos para no correr y zapatillas de deporte que no sirven para movernos en serio, me pregunto qué estamos comprando al financiar esta estética moderna del deporte; del chándal y de los *sneakers* hemos decidido conservar la comodidad y eliminar el esfuerzo para el cual fueron concebidos. Así que nos quedamos cómodamente en el sofá, pero vestidos para hacer deporte.

No sé si es una ilusión colectiva lo que intentamos cultivar vistiéndonos de campeones olímpicos —no querer ver que no somos campeones, ni mucho menos, y que no lo seremos nunca, un poco como en una gran fiesta de disfraces que transforma las calles de nuestras ciudades en enormes gimnasios al aire libre— o si es una absolución —fingir que, aunque inmóviles detrás de un escritorio, *podríamos* de todas formas hacer deporte, *seríamos* más que capaces de ello, *estaríamos* dispuestos a practicarlo si no fuera porque estamos tan ocupados; esa es la impresión que damos cuando andamos por las calles de nuestras ciudades vestidos de corredores o de alpinistas.

No sé qué decir, no tengo muchas certezas; yo también intento correr y permanecer en equilibrio en estos tiempos tan raros. Pero sé que las categorías estéticas de una época cuentan muchísimas cosas de la sociedad que las expresa y las comparte.

El cuerpo de deportista es venerado, pero sin que asumamos la carga de esfuerzo que comporta hacer deporte. La ropa de salir a correr la busca y se la pone sobre todo la gente que no quiere correr. Los porcentajes de crecimiento del sector del running tienen tres dígitos, al igual que los porcentajes de personas, jóvenes y adultas, con sobrepeso; nunca hemos corrido tanto a pesar de estar cada vez más gordos y de ser más sedentarios. Nos matamos a entrenamientos solo para exhibir unos músculos hinchados y duros, olvidándonos de utilizarlos para practicar cualquier actividad deportiva; es el cortocircuito de quien se pasa semanas y años entrenando abdominales y glúteos solo para enseñarlos, en vez de utilizarlos para correr, para remar, para dar patadas a un balón o propinar puñetazos al contrincante, un entrenamiento muscular solo porque sí, para poder decir que estamos en forma y que, por consiguiente, correspondemos a un canon estético que nos quiere jóvenes, incluso de viejos.

En general me parece que cuando corremos con nuestros conjuntos deportivos de última moda estamos todos cada vez más atentos al cuerpo, más replegados sobre nosotros mismos, más endiosados y más desinteresados de todo lo que exceda el perímetro de nuestros propios pies. Y a veces más neuróticos, desde luego cada vez más solos, aislados de todos los demás, incluso de quien corre a un metro de distancia de nosotros.

Casi he escrito un libro entero sobre el running y dentro de unas semanas correré mi primer maratón, quizá el último, y todavía no estoy muy segura de haber comprendido a fondo los motivos de todo este correr y correr contemporáneo. Sufrimos, nos esforzamos, invertimos tiempo y dinero para no ganar nunca o, al menos, no desde luego para llegar los primeros; y total tampoco nos ponemos tan guapos… Entonces ¿por qué todos corremos?

Luego, en Bretaña, una tarde de finales de septiembre, de una luz blanquecina, me he observado a mí misma desde fuera por primera vez, mientras corría sola y distraída entre los campos de un verde ya cansado, como yo; con tanto correr y entrenarme siguiendo planes de entrenamiento y objetivos exclusivamente míos me he dado cuenta de que me he convertido en la imagen de la soledad. Y de la vanidad.

Si bien es verdad que corremos siempre solos, incluso cuando corremos con alguien, creo que sobre la faz de la tierra no hay nadie más solo por voluntad propia que un runner. No hablo de esa soledad contemplativa, buscada, interior, que hace de la carrera uno de los deportes más místicos y un momento privado de placer o de dolor; me refiero más bien a una soledad social, casi política, perseguida y exhibida despreciando cualquier instinto de participación.

Si el aislamiento civil tuviera un rostro y un par de ojos desencajados, serían los provocados por los gestos de cansancio del runner que repone sus energías, físicas e intelectuales, en un acto tan privado como la carrera, fijándose objetivos y metas personales, desvinculados de cualquier lógica habitual, y estableciendo un perímetro de éxito o de fracaso hecho a medida de sus capacidades. Corremos como podemos y cuando podemos, pero cuando vencemos lo hacemos siempre en relación con nuestras capacidades; con el añadido de que para correr ni siquiera hace falta estudiar, porque todos somos capaces de poner un pie delante y otro detrás; si no se llamara «running», podríamos decir que huele a populismo.

El runner corre y lo que deja atrás es la dimensión colectiva del deporte, con sus reglas de lucha y sus parámetros objetivos para definir victorias y derrotas. Sus esfuerzos lo obedecen solo a él; de hecho, es el único del que depende su satisfacción, pues la meta la fija como y donde puede. He ahí, pues, la «relatividad» de los resultados de un maratón, que no responden a clasificaciones externas, imparciales, sino a objetivos internos, invisibles y que no pueden compartirse con los demás.

Si corro el maratón de Atenas no será ni con los demás participantes ni contra ellos, sino conmigo misma y contra mí misma; la victoria y la derrota tendrán sentido solo en relación conmigo y con nadie más. Esos 41,8 kilómetros son iguales para todos, pero cada uno de los diez mil maratonistas o más que encontraré a mi lado en noviembre correrá un maratón distinto del mío, interesándose por tiempos, objetivos y resultados distintos y absolutamente personales; un poco como si en el fútbol cada uno de los once jugadores tuviera una idea completamente personal de cuándo puede decirse que ha ganado o ha perdido un partido y el árbitro estuviera de todas formas de acuerdo.

Yo creía que los runners que todos los días invadimos a millares las aceras de nuestras ciudades formábamos una especie de gran tribu, con leyes no escritas, pero unida por el sufrimiento del trayecto. Me equivocaba de medio a medio: los corredores somos eremitas. En la carrera no profesional todo es relativo. Relativo a uno mismo. No hay en el mundo un deporte más solitario y más autorreferencial.

Debe de ser una de las muchas consecuencias malignas de la «sociedad del rendimiento» en la que estamos inmersos.

Si alcanzar un objetivo común, impersonal, exterior a nosotros, se considera ya demasiado fatigoso después de los grandes movimientos de los años sesenta y setenta, o bien se percibe como algo vano porque estamos ofuscados por el glaseado pegajoso del bienestar, el ser humano, que por su constitución está obligado en cualquier caso a desear algo para sobrevivir, desplaza el objetivo considerado merecedor de sus esfuerzos de lo exterior a lo interior, de lo colectivo a lo individual.

Desde *El banquete* de Platón en adelante, el hombre es el ser que desea por definición; como es mortal, ninguna felicidad será lo bastante grande para convencerlo de que no siga queriendo más. Con el hundimiento de los grandes ideales colectivos, desde los partidos políticos hasta la religión, pasando por todas las estructuras intermedias del compromiso ciudadano, hoy en día esa felicidad se ha vuelto tan privada —y vendida a un alto precio tras haber sido privatizada— que lo mismo da intentar fabricárnosla solos. De ahí la obligación de rendir permanentemente, de retarnos cada santo día para poder decir por la noche que hemos ganado —ya sea contra nosotros mismos, contra la agenda, contra las miradas de los demás o contra el cronómetro que llevamos en la muñeca, da igual—, sintiendo al menos esa pizca de satisfacción que nos recuerda que estamos vivos, que nos permite decirnos a nosotros mismos: «¡Muy bien!».

Hasta hace treinta años bajábamos a la calle para manifestar nuestras propias ideas y pedir cuentas de un futuro más digno. En la actualidad, por esas mismas calles salimos a correr en silencio, solos, con la esperanza de que la liberación individual pase por unos abdominales esculpidos, unos gemelos de acero y un *personal best* perfectamente olvidable (la primera pregunta que te hacen cuando cuentas que quieres correr un maratón es: «¿Y qué tiempo harás?», que es el colmo de la relativización del resultado de la carrera). De vez en cuando pienso que, si todos los runners que abarrotan con sus entrenamientos las aceras de Europa se echaran un día a la calle no ya para correr, sino para hacer la revolución, ningún sistema de poder estaría seguro. Evidentemente, enseguida me olvido de mis ambiciones de cambiar el mundo y, obediente a mi deber, me calzo las zapatillas de deporte.

Así es como el jogging, la carrera desprovista de una ambición particular aparte de la de desentumecer un poco las piernas y sentirnos bien, ha evolucionado en los últimos años para convertirse en running, esto es, en la carrera con objetivos, programas de entrenamiento, tiempos cronometrados y una voluntad de hierro. Desde la ligereza del pasatiempo, la moda de correr ha caído enseguida en la presión autoinfligida del rendimiento, la palabra que mejor resume estos tiempos nuestros ansiógenos, y desde el deporte hemos ido a parar al campo del desarrollo personal, para demostrarle a alguien o simplemente demostrarnos a nosotros mismos nuestro valor y en consecuencia nuestro derecho a existir.

Amateurs dispuestos casi a matar con tal de rebajar nuestro crono un puñado de segundos, equipaciones tan técnicas que nos permitan sobrevivir en condiciones extremas y más demenciales entrenamientos nocturnos con la linterna en la frente, suplementos alimentarios de todo tipo, fisioterapeutas y *coaches* mentales...; tomarnos en serio es algo noble y legítimo, pero la presión que muchísimos runners se infligen es indicativa de muchas más cosas que de la simple necesidad de entrenar el cuerpo para sentirnos en forma. Esa especie de tiranía autoimpuesta que nos obliga a mejorar continuamente, a correr hoy un metro más que ayer, pero uno menos que mañana, siempre un poco más deprisa y durante un poco más de tiempo, para decir que estamos satisfechos y nos sentimos realizados, a la larga convierte la carrera, y más en general la vida, en una corrección permanente de nosotros mismos y no en una fiesta.

Homo faber fortunae suae («El hombre es el artífice de su propia fortuna»), decía una expresión latina que acabó convirtiéndose en una máxima del Humanismo. Lo mismo cabe decir del running, que recompensa en una medida directamente proporcional a lo que estemos dispuestos a conceder a los entrenamientos. Es justo, honesto y no se le puede engañar; ello siempre y cuando aquello tras lo que corramos, ya sea durante un maratón o en una tranquila carrera matutina, sea el buen humor y no un ideal de perfección, que no alcanzaremos nunca.

En el fondo, aunque corramos hasta el fin del mundo siempre habrá un horizonte como límite que no podremos cambiar de sitio, sino solo habitarlo y gozarlo; y como dice Filóstrato en algún punto de su *Gimnástico*, una misma pendiente puede ser subida o bajada según cómo nos enfrentemos a ella.

El disparo de salida está previsto en Grecia para dentro de cuatro días. Sin embargo, mi maratón ha comenzado hoy en el Louvre.

En ese reposo forzado que precede a la batalla, no pudiendo entrenarme para no fatigar más los músculos a la espera de la prueba final, me ha parecido casi natural dejar libres mis pensamientos para que corran en un museo. Y siempre es al Louvre adonde voy cuando necesito volver a dar consistencia y materialidad a Grecia; como si de un traspaso de estado físico se tratara, quiero devolver un cuerpo, hecho con la piedra y el bronce de las estatuas y con la terracota de los vasos, a ese espíritu nebuloso al que la escritura de este libro me ha obligado a reducir la idea de lo clásico.

Quiero dejar de meditar sobre la vida y la carrera y concederme el lujo de sentir de qué materia está hecha Grecia. Quiero observar durante mucho tiempo las estatuas, hasta captar el punto exacto en el que el martillo descargó el golpe, distinguir las cerdas del pincel que hace dos mil quinientos años decoró de rojo y negro un ánfora; esa es la manera que tengo de descansar y al mismo tiempo prepararme mientras llega el momento de tomar el avión con destino a Atenas.

No tengo una meta precisa, no sé qué estoy buscando exactamente, pero estoy segura de que será aquí, en las Galeries del Antiques, donde lo encontraré este domingo por la tarde.

No es que abrigue la esperanza de dar con la estatua de un runner antiguo; nunca he visto ninguna, y también hoy, delante de la vitrina que expone las esculturas halladas en Olimpia, cerca del estadio, puedo admirar toda una serie de gloriosos discóbolos, luchadores y lanzadores de jabalina, pero ni el menor rastro de corredores.

Junto a la Venus de Milo no puedo dejar de reconocer que también tiene abdominales bien esculpidos —no me había dado cuenta hasta ahora—, por no hablar de los desnudos masculinos, auténticas obras maestras de anatomía artística. Una gloria del cuerpo deportivo destinada a una vida breve, eso es lo que me parece entender al desviar mi recorrido hacia las antigüedades latinas; en las estatuas de época romana los músculos dejan poco a poco de ser escurridizos y definidos, pese a seguir siendo cuerpos de una belleza incomparable, tal vez por esa regla que ordena que, en la transmisión de Grecia a Roma, las cosas más valiosas llegaran hasta nosotros un poco disminuidas, como si dijéramos desportilladas, y todas más groseras, para adaptarse a nuestros gustos latinos, evidentemente incapaces de elevarse hasta la elegancia griega.

Al cabo de casi una hora o quizá más —no he consultado el reloj, pero en las ventanas veo como el sol se refleja más tenue sobre la gran pirámide del Louvre—, lo que se me queda pegado de toda esta fisicidad griega es una impresión de cálida sensualidad, hasta el punto de verme obligada a quitarme la bufanda y el abrigo, que había seguido llevando inútilmente encima por la estúpida pereza que me daba dejarlos en el guardarropa del museo. Todos esos cuerpos —esas piernas sólidas, esos tobillos robustos, esos glúteos literalmente de mármol, y luego las manos grandes, los abdominales esculpidos, como suele decirse, y los bíceps hinchados— me parece que están implorando ser tocados, ser acariciados. O tal vez sea yo la que tengo unas ganas locas de tocarlos; ante una cabeza de Afrodita casi me vienen ganas de besarla en los labios.

Esta crisis erótica a pocos días de mi maratón será sin duda uno de los efectos colaterales de correr demasiado; pero no es sexualidad lo que me parece sentir ante las estatuas del Louvre, sino una pura y tangible sensualidad, tan concreta y magnética que casi pretende ser correspondida con un impulso igualmente intenso de vivir. A los pies de estos cuerpos griegos tan fuertes, tan inmortales en el mármol y en el bronce, esta tarde me siento vertiginosamente mortal, aunque de todos nosotros la única que tiene un corazón que late soy yo; me gustaría tocarlos para llevarme un poco de esa gloria que hace de ellos unos atletas olímpicos imperecederos, esperando que me convierta en atleta también a mí, aunque solo sea por unas cuantas horas en la llanura de Maratón.

Una vez superado por fin el ataque de deseo que amenazaba con hacerme acabar en la cárcel y no en Atenas, concluyo mi tarde en el Louvre ante la que es para mí la estatua más hermosa del mundo, desde siempre y para siempre: la Niké de Samotracia. *Mejor dicho, junto a la* Niké, *no ante ella; apartando a los turistas que van a la caza de selfis, me pongo a su lado, a la derecha de la* Victoria alada, *donde puedo admirar —sentir— la torsión de su busto de tres cuartos y casi el viento fuerte del Egeo que se abate sobre las costas áridas de Tracia.*

Por primera vez me doy cuenta de que las alas de esta mujer captada en el momento de alzar el vuelo, tan alejandrinas que parecen casi suaves en sus plumas, están fijadas al cuerpo de la estatua mediante una especie de arnés invisible; es un detalle que me conmueve, pensar en la orgullosa fragilidad de la diosa que, por definición, no conoce la derrota. Y entonces me acuerdo de la única palabra pronunciada por el maratonista Filípides después de haber corrido 41,8 kilómetros por primera vez en la historia: Νενικήκαμεν *(* Nenikékamen*), «¡Hemos vencido!», forma verbal derivada precisamente de* Νίκη *(* Níke*), «victoria», pero usada con orgullo en plural por el corredor; la suya no es una hazaña individual, no es la vanagloria de uno solo, sino la victoria —la salvación— de un pueblo entero, el ateniense.*

Quién sabe, en cambio, cómo será, cómo irá mi maratón, completamente en primera persona del singular. No me atrevo a hacer previsiones ni me impongo objetivos: me he preparado como he podido, cuanto he podido; por una vez no tengo motivos para ser cruel conmigo misma. Solo quiero llegar hasta el fondo por todo ese camino y dejarlo finalmente a mis espaldas.

Tal vez sea por eso por lo que mi tarde en el Louvre ha concluido precisamente ante la Niké de Samotracia; *si mis piernas cansadas por todos los entrenamientos de los pasados meses me han conducido hasta aquí, a los pies de esta estatua, es para poner ingenuamente la palabra «victoria» al principio de mi carrera, no al final, como hizo Filípides.*

O, por el contrario —pienso observándome sentada a los pies de una mujer de mármol cuyo rostro no conoceremos nunca—, si he venido hasta aquí, hasta el Louvre, en el fondo solo ha sido para rezar.

9

MARATÓN-ATENAS

«Del color del vino», οἶνοψ πόντος (*ōinops póntos*), era para Homero el mar de Grecia; violáceo, casi púrpura con los últimos rayos enfurecidos del sol al atardecer, es para mí el sacro asfalto del aeropuerto de Atenas.

Como de costumbre, vivo con brutalidad la diferencia entre la distancia recorrida en avión y el tiempo empleado para recorrerla; han bastado poco más de tres horas para conducirme de París a Grecia, mucho menos que el tiempo que emplearé mañana en correr mi primer maratón. Encerrada al vacío en la cabina de un anónimo vuelo comercial, amontonada junto a otros viajeros igualmente anónimos, me cuesta trabajo sentir que realmente he llegado a pocos kilómetros de la línea de salida de esa aventura de las piernas y del espíritu para la cual llevo preparándome meses; a diferencia del tren, que prefiero cuando no tengo un mar de por medio, el avión no permite que nos demos cuenta del espacio físico atravesado durante el viaje, ningún indicio me confirma que la ruta recorrida es precisamente la que conduce a Atenas y no, qué sé yo, a Roma o a Madrid.

Una vez desembarcada en la terminal, Grecia me impone su presencia obligándome a reconocer ante todo la evidencia de su alfabeto. Los carteles, las indicaciones, las señales, cada palabra está escrita con esas letras antiguas que aprendí a dominar de jovencita —o acaso son ellas las que me dominan a mí desde siempre— y que de nuevo me tranquilizan; el Ática existe de verdad, no es solo una proyección de mi mente. Y no solo existe; dentro de unas horas la atravesaré de este a oeste con la única fuerza de mis piernas, si son tan amables de aguantar hasta el final.

No estoy sola; conmigo está mi compañero, que ha venido a Atenas en calidad de motivador y que sobre todo es una garantía. Fuera del aeropuerto debería estar esperándonos Nick —abreviatura al estilo inglés de Nikos, me imagino—, el propietario del apartamento de una habitación que he alquilado en Maratón en vista de la imposibilidad de encontrar un hotel para la noche anterior a mi carrera; tal vez estén todos cerrados por tratarse de la temporada de invierno o ni siquiera ha abierto ninguno desde los tiempos de Filípides hasta hoy. (Ignoro dónde dormirán los demás maratonistas, quizá en Atenas, recorriendo estos sagrados 41,8 kilómetros primero en automóvil y luego a pie, invirtiendo la ida y la vuelta para adaptarse a la carrera).

Tras localizar en el aparcamiento, no sin dificultad, a un chicarrón griego con pantalones cortos y chanclas, a pesar de que estamos a mediados de noviembre, aquí estamos por fin todos juntos, apretados como sardinas en su utilitario rojo, camino de Maratón. Estoy emocionada, inquieta, nerviosa; intento controlarme para no sentirme apabullada incluso antes de empezar. Después de unos pocos minutos, Nick toma la avenida de Maratón, en griego leofóros Marathōnos, una vía rápida, una especie de carretera de circunvalación que une la inmensa periferia de Atenas y la costa oriental del Ática para desembocar frente a Eubea, pasando por una serie monótona de centros suburbanos antes de llegar, al cabo de unos treinta kilómetros, a la población cuyo nombre lleva la carretera y que evoca una batalla: Maratón.

Mi corazón parece detenerse en un par de ocasiones y enseguida acelera cuando me doy cuenta de dónde estoy, percatándome, como si de una sorpresa se tratara, de que de verdad existe todo aquello para lo que llevo meses y meses empeñada en entrenar mis piernas y mi cerebro. No sé decir de dónde viene toda esta incredulidad. ¿Qué me esperaba? ¿Que toda esta historia de la carrera de fondo no era más que una broma y que, por lo tanto, me eximía de la necesidad de correr mañana en serio? Pero quizá sea sencillamente yo, que incluso veinte años después sigo encontrando difícil fiarme de Grecia y de su saber, pues todo me parece siempre *demasiado*: demasiado grande para que ellos, los griegos, hubieran sido capaces de concebirlo, y desde luego demasiado difícil para mí, que no sé si habré sido capaz de comprenderlo alguna vez.

Me basta intercambiar unas pocas bromas para darme cuenta de que nuestro guía griego no sabe nada de Grecia y de que ni siquiera le interesa saberlo. Al pasar junto al yacimiento arqueológico que alberga las tumbas de los soldados atenienses caídos contra los persas, al ver mi reacción nerviosa Nick se limita a zanjar la situación con un «es algo antiguo, vaya, viejo», sin la menor relevancia actual.

No sabe que me ha roto el corazón, como ya me ha pasado muchas veces con anterioridad al visitar Grecia y darme cuenta, apenada, de que no todos sus habitantes recitan a Homero en cualquier esquina de la calle, como ingenuamente me esperaba, y de que los agones con los que se desafían en los atascos de tráfico son mucho menos retóricos y mucho más concretos que los de Isócrates. Debe de ser a buen seguro un síntoma —mejor dicho, la enésima recaída— de esa «desgracia de ser griegos» (modernos) de la que habla Nikos Dimou* —la imposibilidad, ante la majestuosidad de la Grecia clásica, tanto de olvidarla como de superarla—, y por consiguiente estar condenados a una mediocridad perpetua porque la cima de su civilización la alcanzaron ya otros, de modo irrepetible, hace dos mil quinientos años.

Esta vez, sin embargo, además de la desilusión pueril hay más cosas: hay vejez, hay caducidad, y esa maligna obsesión con la muerte que hace tres años me obligó a empezar a correr para acabar llevándome finalmente hasta aquí, a este coche, acompañada de un desconocido, atravesando la llanura de Maratón.

---

*   Nikos Dimou, *La desgracia de ser griego*, trad. de V. Fernández González, Barcelona, Anagrama, 2012. *(N. de los T.)*

Y mientras Nick habla alegremente de fútbol con mi compañero (tema que por supuesto le resulta más digno de respeto que el sacrificio de Filípides), mientras recorro la avenida de Maratón esta noche de noviembre y, llenas de resignación, desfilan ante mí naves industriales, feas y vacías, letreros fosforescente de supermercados y de locales de *fast food*, concesionarios de automóviles y empresas de baldosines, me pregunto alarmada: «¿Cuánto dura el *kléos*?».

Los griegos no garantizaron en modo alguno que fuera eterno e incorruptible. El héroe antiguo ciertamente perseguía la «fama», la gloria, con un honor y una lealtad inquebrantables, incluso a costa de la propia vida; es en nombre de esa celebridad, capaz de arrancar a cualquiera de la vulgaridad del anonimato, por lo que Héctor va al encuentro de la muerte a manos de Aquiles y por lo que Penélope espera fiel a Ulises.

La palabra «fama», en griego κλέος (*kléos*), deriva a su vez del verbo κλύω (*klúo*), «oír», y significaba, literalmente, «lo que los demás oyen decir de ti». Esta noche, entre quioscos de kebab y revistas de bricolaje, me parece que soy la única en toda el Ática que todavía se acuerda del sacrificio del primer maratonista de la historia y del de tantos soldados griegos que prefirieron caer a manos del enemigo antes que ceder esa parte del campo de la civilización que fueron los primeros en llamar «democracia».

Pero quizá esa fama que los griegos consideraban necesaria para conferir dignidad a la existencia preveía un límite temporal que a mí me ha pasado desapercibido, una fecha de caducidad más allá de la cual no cabe esperar que hasta la gloria más noble pueda seguir resistiendo y permanecer inmarcesible en la memoria de un pueblo; ese día cobarde en el que nadie oye ya por ahí decir nada de ti, ni para bien ni para mal. La consecuencia sería, por ende, la inutilidad definitiva de cualquier gesto, incluso del más elevado y regio, destinado de todos modos a palidecer de inmediato en la memoria colectiva —si por casualidad llegara a ella— y, por supuesto, también en la individual, condenándonos a no dejar de nosotros a la posteridad más que un legado de tristezas.

Si Filípides no logró correr 41,8 kilómetros a cambio de la inmortalidad y de hecho murió exhausto al llegar a la meta, ¿cómo ha podido ocurrírseme ni por un instante que iba yo a ser capaz de lograrlo? Me lo pregunto perdida en mis mareos mientras el coche se acerca finalmente a la periferia de Maratón. El pueblo, devorado ya por la noche, no tiene nada de particular ni de mitológico. Visto así, con sus casas de cemento parecidas a cubos que nadie se ha tomado la molestia de pintar de ese blanco resplandeciente que cabe esperar en las tarjetas postales de Grecia, Maratón podría ser un pueblecito moderno más, echado ahí de cualquier manera con despreocupación e incluso con algún que otro abuso en materia de construcción, a pocos pasos del mar griego.

En un cruce me fijo en un estanco, justo al lado del cartel azul que informa a los transeúntes —evidentemente esta noche se han quedado todos en casa; no se ve a nadie por ahí, aunque solo son las ocho y Maratón parece la única población de Europa en la que nadie hace jogging— de que están pisando el cuarto kilómetro del recorrido original del primer maratón de la historia del género humano. Junto a la máquina expendedora de cigarrillos y otras baratijas, el propietario del negocio ha considerado oportuno colocar, quizá esperando un efecto disuasorio, una estatua de tamaño natural de un guerrero griego; fabricada, eso sí, en China a juzgar por el plástico de cuatro chavos del que están hechos sus exagerados músculos.

Y por fin, observando esa especie de facsímil de Filípides decidido a defender a toda costa una persiana herrumbrosa, sonrío por primera vez desde que he llegado a Grecia; el *kléos*, la gloria inmortal, quizá no huela a libros, y acaso sea menos espectacular de lo que me esperaba. Ni aun así pasa; aquí en Grecia todo resiste y permanece.

Es el aire de la noche el que por fin me libera de mi mareo… y de mi miedo ansioso, típico de la noche anterior a un examen; de la noche anterior a mi primer maratón. Este viento griego que sopla dignamente desde Eubea hacia el Ática sabe a mar, sabe a antiguo. Sabe a cosas buenas, a cosas sólidas, a cosas, en definitiva, que están en su sitio y que ahí se quedarán, seguras, bien pegadas al margen del tiempo, de las vidas que pasan y se convierten en muertes y, aun así, de algún modo permanecen en alguna parte.

Al menos para mí permanecerán siempre aquí, a cuarenta kilómetros y pico, en la llanura entre Maratón y Atenas.

El poste junto a la acera que indica el punto de partida del maratón de Atenas —orgullosamente anunciado por la publicidad de los organizadores y calificado de «auténtico», como si todos los maratones sin orígenes antiguos fueran imitaciones— es a todas luces falso. Su valor histórico es completamente convencional, como el meridiano de Greenwich u otras tradiciones con las que el hombre intenta en vano imponer su lógica al mundo; ni Heródoto ni Plutarco confirman que fuera este precisamente el centímetro cuadrado de tierra apisonada, y no uno más adelante o más atrás, el punto exacto en el que Filípides empezó a mover sus piernas ágiles para no dejar de hacerlo hasta desplomarse extenuado en el estadio Panatenaico.

Pero hoy, junto a este pilar torcido, arrojado como un dado en un punto indeterminado del Ática, soy yo la que me muestro más convencional que nunca, yo que estoy a punto de comenzar a correr mi primer maratón.

Aparte del famoso «muro» de fatiga que debería llegar una vez superado el kilómetro 30 —por lo pronto ni siquiera me preocupo del asunto al estar todavía en el kilómetro 0—, dicen que el momento más difícil de un maratón es paradójicamente el que precede a la salida. Sobre todo para una neófita como yo (aunque ni siquiera la experiencia dispensa al runner de sufrir los crueles bandazos de la motivación), tanto si se produce un puñado de minutos antes del pistoletazo de salida como si tiene lugar el día o la semana anterior a la carrera, para el maratonista llega siempre el momento en el que, mirando con los ojos arrasados en lágrimas el camino que tiene delante, se pregunta: «Pero ¿quién coño me ha mandado hacerlo?».

En mi caso, esta incertidumbre tan poco socrática se me ha presentado la noche anterior, justo cuando me iba a la cama, mientras con un cuidado de maniática preparaba encima de la mesa de la cocina (de Nick el griego) la ropa que iba a ponerme al día siguiente con ocasión de la competición: leggins negros absolutamente estándar de una gran marca deportiva; medias de espuma rosa peladilla, un capricho porque, independientemente de cómo vaya la cosa, para mí ha sido el maratón de la toma de consciencia de mi feminidad y del consiguiente orgullo; una sudadera negra de tejido especial, sin marca y gastada hasta tal punto que parece un harapo —la cremallera del bolsillo izquierdo está incluso rota—, pero con la cual estoy especialmente encariñada, como si fuera un amuleto, porque fue la primera que compré cuando me entró la manía de correr y me ha acompañado y dado calor durante todos los entrenamientos, cuando estaba convencida de que no lo iba a conseguir nunca. Solo cuando ya he salido de casa me he dado cuenta de que mi compañero me ha metido en ese bolsillo roto una notita de ánimos y de amor, que total es lo mismo.

En la oscuridad de un pisito de dos habitaciones perdido en medio del Ática, esta noche he pasado unos minutos, tal vez unas horas, quién sabe, muy amargos preguntándome por qué estaba dispuesta en definitiva a infligirme todo ese martirio; no solo tengo la intención de hacerlo, sino que incluso estoy decidida a correr un maratón, soy yo la que lo ha querido, me lo he «buscado» yo solita, como suele decirse, consagrando a mi objetivo una cantidad francamente exagerada de horas y de energía, además de páginas de un libro centrado precisamente en la carrera.

Esta noche, mientras el viento soplaba con fuerza, casi gimiendo, sobre la llanura de Maratón, el esfuerzo que esta mañana me aguarda sin posibilidad de escapatoria en el kilómetro 0 del maratón más histórico del mundo, me ha parecido lo que tal vez haya sido siempre dentro del perímetro individual de mi persona: inútil. Superfluo. Tan inútil y superfluo como yo, que con un par de tobillos más o menos robustos, el corazón bradicárdico que casualmente me ha dado la lotería genética y dos pulmones redimidos de milagro del tabaquismo y del sedentarismo, quiero demostrarme a mí misma y demostrar a los demás —pero sobre todo, me imagino, lo primero— que he sido capaz de hacerlo, que he sido fuerte, valerosa, que por el solo hecho de haberme puesto a correr un buen día por la calle soy merecedora de estima y de honor, o por lo menos de que alguien me espere pacientemente en la meta y me diga: «¡Muy bien!».

Sobre todo, lo que quiero demostrarme a mí misma con este patético esfuerzo es que todavía estoy a tiempo, que la madurez —léase vejez— solo es un concepto relativo, como dicen por ahí aquellos a los que, como a mí, les produce un terror obsceno. Que si he sido capaz de darle a mi vida un empujón tal que me ha permitido correr de principio a fin un maratón, significa que nada es definitivo y que la juventud no conoce fin si nos empeñamos en mantenerla bien entrenada, que no existen decisiones irremediables, que ningún tiempo está perdido y que, si así lo quiero, podría volver a empezar mañana mismo a reinventarme de arriba abajo, reescribiendo por enésima vez el personaje que soy en mi biografía justo como lo he hecho al inventarme de forma inesperada como runner.

Esta noche me ha parecido incluso sentir vergüenza, porque, más allá de todas mis especulaciones fatalmente freudianas, el dato objetivo, es decir, mi disponibilidad física y económica a despertarme una mañana de noviembre en el corazón de Grecia y correr sin parar 42,195 kilómetros (o aunque «solo» fueran los 41,8 originales), demuestra sin posibilidad de hipocresía que vivo y prospero en una parte del mundo bendecida por problemas inútiles y por esfuerzos estériles, entre los cuales el maratón que estoy a punto de correr es el ejemplo más evidente y escandaloso.

El amanecer ha tenido por fin la amabilidad de anunciarse por el ventanuco, poco mayor que un sello de correos, situado enfrente de la cama, donde me he pasado toda la noche implorando su llegada como una amante. Esta aurora que precede a mi primer maratón es en verdad ῥοδοδάκτυλος (*rhododáktylos*), posee realmente los «dedos rosados» cantados por

Homero, expresión que, como me doy cuenta solo ahora, mientras me ato las zapatillas de carrera, no tiene nada de romántico ni de bienaventurado, sino que, por el contrario, traduce a la perfección la imagen altanera del cielo de Grecia, estriado por el sol como la piel de una pantera.

Saco una foto del día que se levanta y se la envío a mi editor, que me ha apoyado en esta empresa tan peregrina y que ahora espera en Roma noticias de mi carrera, aunque solo sea para asegurarse de que la llevaré a cabo para que luego, una vez que haya metido otra vez las piernas debajo de la mesa, termine cuanto antes el libro que estoy escribiendo. Unas pocas cosas más —un beso a mi compañero, que todavía está dormido y que me esperará luego en Atenas, un motivo para mí tan poderoso como el épico *kléos* para mover las piernas hasta la entrada del estadio Panatenaico— y ya estoy lista para salir. Al menos eso creo y espero.

Abro la puerta evitando el chirrido de la mosquitera, indispensable en Grecia; inútil en noviembre, pero siempre fiel. Ante a mí se abre de par en par la llanura de Maratón, salpicada de cañas que oscilan lánguidamente al viento; en el horizonte diviso hacia el oeste unas montañas tan tímidas que deben de ser poco más que colinas, y por el este el eterno mar helénico, que continuará palpitando hacia el sur hasta el Pireo.

Por un instante vuelvo a pensar en Filóstrato y su *De arte gymnastica*, en el pasaje en el que habla de

convicción y de entrenadores dispuestos a dar la vida
en aras de la victoria del atleta; en cambio, de deportistas dominados por el miedo —léase pánico— antes de la competición no habla nunca. Yo afortuna-
damente no tengo *coaches* ni motivadores dispuestos
a morir por mí, pero dispongo de un libro; solo ahora
me percato de ello, mientras camino nerviosa en
este amanecer solemne hacia la línea de salida de mi
carrera.

Un libro no es una vida, lo sé, pero casi; o quizá
más. En cualquier caso es la única razón que he encontrado esta mañana para quitarme de encima el
sudor frío de la ansiedad y de lo superfluo y ocupar
mi puesto junto a esa piedra hincada en la tierra roja
de Maratón que indica sin el menor pudor: «41,8 km
a Atenas».

Primeros diez kilómetros en las piernas y me siento
de maravilla; me siento literalmente una antiquísima
diosa de la carrera, aparecida con magnanimidad esta
mañana después de siglos y siglos al borde del camino que conduce de Maratón a Atenas.

Con auténtica alegría, casi riendo, le doy ahora a
los talones, coordinando la zancada con los latidos
del corazón; empapándome de luz griega, el sol de
invierno invade mi rostro, que mantengo fijo en la
meta. Me siento efervescente, hilarante; me parece
que no he hecho nunca en mi vida nada más hermoso que correr este maratón: saboreo a fondo, sin sa-
ciarme nunca, el ritmo de los pies sobre el asfalto, la
ligereza semidivina con la que se pegan al suelo para,

al cabo de un instante, levantarse de nuevo con absoluta suavidad.

Desde siempre —o sea, desde que soy capaz de correr sin temor a asfixiarme— me encanta la carrera una vez superados los primeros cinco kilómetros. El comienzo de una sesión de running sigue resultándome fatigoso, antinatural, incluso ridículo en ese esfuerzo inútil por mi parte de desafiar la gravedad y todas las leyes de la aerodinámica que determinan sin remedio lo pesado que es el cuerpo humano en posición erguida y su poca adecuación a la elegancia animal de la carrera. Ha habido días, numerosos, en los que al llegar al kilómetro 2 o 3 he estado a punto de echarme a llorar, víctima de la frustración, y poco ha faltado para que me volviera derecha a casa decidida a no volver a salir a correr nunca más. Es al principio, ya se trate de una sesión de running, de una historia de amor o de un libro que quiero escribir, cuando mi mente no hace más que gritar a modo de sirena: «¡No vas a conseguirlo nunca!». En cambio, luego, siempre lo he conseguido.

Las piernas, el corazón, los pulmones, mi cuerpo entero demuestran que están bastante bien, bastante cómodos, a la hora de correr; inopinadamente mis órganos no están al borde del colapso y de la muerte, como mi cerebro me grita alarmado, presa del pánico. Si consigo distraerme haciendo cualquier otra cosa que no sea pararme y si, por el contrario, me atrevo a fiarme de mi cuerpo, superando indemne, como Ulises, las que para mí constituyen las maléficas sirenas del running, al cabo de unos cuantos kilómetros de calentamiento y de sufrimiento, susceptible a fin de cuentas

de ser amaestrado, me descubro por fin tan agrada-
blemente sumida en la carrera que sería capaz de cantar
a Bruce Springsteen: «¡*Born to run* soy yo!».

A medida que se suceden detrás de mí los carteles que
indican los kilómetros recorridos desde el poste
que marcaba la salida en Maratón —primero cinco,
luego siete, luego trece, luego dieciséis—, me siento
tan bien, tan llena de energía, tan dueña de mí misma, de mi cuerpo, de mi mente, de la carretera, que
empiezo a considerar en serio la evidencia de que, al
menos en suelo griego, los dioses —o quizá solo
uno— me sonríen. O tal vez sea el karma, quizá lo
que se ha despertado es el recuerdo de quién sabe
cuántas vidas que transcurrieron en la llanura entre
Maratón y Atenas y se gastaron en intentar triunfar
en agones deportivos y poéticos.

Todo a mi alrededor parece hermosísimo, aunque,
al volver ahora a pensar en ello, mientras escribo y
repaso los apuntes que tomé mentalmente aquel día,
de hermosísimo no tenía nada.

Los «hinojos», en los que se basaría etimológicamente el nombre de Maratón, no estoy segura de ha-
berlos visto, pero, al cabo de más de una hora o casi
dos, tengo la firme impresión de que he catalogado
todas las hortalizas que, exportadas rápidamente
desde los campos del Ática, llenarán dentro de unos
días los pasillos de los supermercados europeos; todo
a mi alrededor es una huerta inmensa, cuyas hileras
perfectas y simétricas hacen de toda la llanura de
Maratón un mantel verde de cuadros tendido a los

pies de Atenas. No es el azul fatal del cielo griego lo que hoy me llama la atención mientras corro, sino el verde total de los campos a mi alrededor, hasta tal punto que olvido la presencia del mar, invisible a pocos kilómetros al este.

Entre los motivadores responsables de mi marcha distendida y constante y de mi ánimo firme no puedo dejar de citar a los perros callejeros que con su abandono, ¡ay!, abarrotan las aceras y las esquinas de las calles. Es al clavar fijamente la vista en sus miradas cóncavas, nunca lastimeras, sino siempre dignas, cuando de pronto me veo otra vez pensando en las razas, en ese puñado de cromosomas y de coincidencias genéticas que, al fin y al cabo, es todo lo que somos; quién sabe de cuántos cruces derivan estos perros griegos que me observan como si fuera una loca —y tienen razón—, quién sabe de qué estirpes de héroes caninos proceden, quién sabe si uno de ellos conoció hace tres mil años a Argos, el perro fiel de Ulises.

La visión de un pastor guiando a sus cabras junto a la orilla de un torrente me llena de semejante ebriedad bucólica que me siento ya la protagonista de un idilio escrito por Teócrito y me hace olvidar el viento que sopla con insistencia, un poco excesiva, sobre mi rostro ya amoratado por el esfuerzo y el frío. Llego a la cima de esta incontrolable, loca alegría destinada a terminar enseguida cuando, sin parar de correr, alargo la mano hacia un olivo que se asoma desde el borde del camino y arranco una aceituna todavía amarga que me meto en la boca a modo de aperitivo.

¿Qué son las barritas proteicas y los geles revitalizadores, me digo, comparados con la energía milenaria que encierran las raíces de un olivo del Ática, don sagrado de Atenea?

Al pensar de nuevo en ello, veo claramente que se ha tratado de un funesto ataque de *hýbris*, o de no sé qué reacción química producida por mi cerebro falto de oxígeno que, a falta de otra cosa, me ha dopado durante un rato con un poco de buen humor y de euforia. Me he dado cuenta amargamente de ello alrededor del kilómetro 17, cuando los hermosos campos verdes y las huertas bien cuidadas de la llanura de Maratón han cedido de golpe su sitio a unas horrendas naves industriales, a una serie de empresas de sanitarios y a un condenado tráfico, exactamente igual que el que describe en *De qué hablo cuando hablo de correr* Haruki Murakami, que, como yo, corrió a solas su primer maratón por esta sacra ruta eterna (aunque él lo hiciera en sentido inverso, de Atenas a Maratón).

Ha sido entonces cuando mi alegría se ha resquebrajado, haciendo el mismo ruido que la tiza al chirriar sobre la pizarra, y cuando he empezado a notar el frío, a sentirme cansada, hambrienta y dolorida.

Atenas me parece de repente lejanísima, y yo no me he sentido nunca tan sola.

El olor salado del mar se mezcla en el aire con el del petróleo de las estufas encendidas en esta mañana de invierno. Ya no estoy tan segura de conseguirlo.

No es que me duela algo en alguna parte, no es eso exactamente; las piernas han empezado a agarrotarse por el esfuerzo ininterrumpido y quizá el tobillo izquierdo esté un poco inflamado, es verdad, pero en definitiva mi cuerpo no está dando señales alarmantes de querer venirse abajo. Si bien mis pies continúan avanzando impertérritos, el que durante mi maratón insinúa el veneno de la duda es el cerebro.

No sé quién está hablando, si mi consciencia, mis miedos inconscientes, las células de las que están hechos mis músculos faltos ya de glicógeno o el fantasma encolerizado de Filípides. Al principio es solo un bisbiseo, luego un zumbido que se convierte en una voz clara y chillona, y al final un parloteo insoportable; de repente, cerca ya del kilómetro 30, la corte marcial que reina sobre mi débil espíritu de maratonista empieza a manifestar serias dudas acerca de mi verdadera capacidad de acabar esta competición.

«¿Lo conseguiré?», empiezo a preguntarme cada vez más angustiada. «¿Cuánto falta?». Ya no hago más que controlar en vano los kilómetros que quedan hasta la meta. La sola idea de tener que «hacer de nuevo» el esfuerzo titánico que me ha traído hasta aquí no me consuela en absoluto; más bien, hace literalmente que me den ganas de llorar y que me sienta una masoquista estúpida.

La sonrisa idiota con la que hace unos kilómetros atravesaba impune los campos del Ática creyéndome heredera de Atalanta ha desaparecido de mis labios; en su lugar se me ha incrustado, como quien dice, en la cara una mueca torcida, mientras que me cuesta trabajo mantener los ojos abiertos debido a un viento infame y odioso que, en vez de empujarme hacia Atenas, parece querer echarme hacia atrás, al lugar del que vengo. Ahora entiendo por qué Ulises tardó tanto en regresar a Ítaca. Tengo la impresión de que la barbilla y las mejillas están a punto de despegárseme de la cara de lo enrojecidas y agrietadas que están; las manos, en cambio, las aprieto frente a mí, cerrando los puños, alerta, como si fuera a golpear a un enemigo invisible que se atreviera a cortarme el paso; en los oídos percibo el coro trágico de los amigos conocedores de mi proyecto enloquecido, que repiten escandalizados: «Pero ¿por qué te infliges tanto dolor?».

En las noventa y dos metopas del Partenón —que, si sobrevivo, espero visitar mañana con mi compañero— figuraban escenas primitivas de violencia y desesperación inspiradas en la lucha originaria entre el orden y el caos, entre el instinto animal y la conciencia racional. Centauros, amazonas, lapitas y gigantes fueron representados por sabios escultores atenienses dirigidos por Fidias en el acto final de su ataque enloquecido al Olimpo; semidesnudas y con aspecto animalesco, ebrias y furiosas, estas criaturas bestiales y fracasadas dominaron durante siglos y siglos la Acrópolis de Atenas, capturadas en el trance definitivo e inmortal que para siempre ha hecho de ellas mito y cosmogonía: el de su caída.

Y es más o menos así, igual que un gigante abatido o una amazona herida, como me siento ahora, cuando alrededor del kilómetro 30 me veo lanzada sin remedio al abismo de mi maratón, a lo que, con otras palabras, se llama «el muro».

El significado de la expresión resulta tan fácil de intuir como difícil de describir en concreto, pero transmite a la perfección el sentido de choque inevitable: de repente el cuerpo decreta definitivamente que las reservas de energía se han acabado; «no queda ni una gota», parecen gritar todas y cada una de las células antes de colapsar debido al esfuerzo. Los músculos que, firmes y ejercitados, han aguantado hasta este punto de la carrera se van apagando ahora uno tras otro, como si el dios del running, en la sala de máquinas de este maldito maratón, se empeñara sádicamente en desactivar todos los botones que gobiernan el buen funcionamiento de fibras y ligamentos.

Me siento vacía, como si la carrera hubiera drenado toda la energía vital —el πνεῦμα (*pnēuma*) en griego— encerrada bajo el envoltorio de mi piel irritada por el viento griego. Me da la sensación de que los músculos se me han gastado como las suelas de los zapatos debido a tanto esfuerzo inútil, y de que solo me ha quedado el envoltorio, la piel vacía del león cazado por Hércules, que tiene unas ganas casi conmovedoras de dejarse caer en la esquina de la avenida Maratón a la espera de que alguien lo recoja enseguida como un papelucho.

La expresión «muro» para designar esa especie de consunción física y moral que se produce casi siempre antes del final de un maratón —para quien no se viene abajo antes— es típica únicamente de la carrera de fondo; ningún otro deporte, por duro y extenuante que sea, se aproxima al desastre aeróbico de la carrera de larga distancia, que agota literalmente las reservas de glúcidos, el carburante de nuestro cuerpo, almacenadas en el hígado y en los músculos. Como un automóvil que se queda sin gasolina o un móvil sin batería, cuando llegamos a este punto de la carrera el cuerpo lo ha dado ya todo, o incluso más; si de verdad queremos continuar corriendo hasta el kilómetro 42 porque somos unos sádicos, unos cabezotas o unos ambiciosos, entonces hay que ir a buscar la energía en otra parte.

De manera totalmente inopinada habida cuenta del deliquio en el que siento ahora mis músculos, al cabo de unos centenares de metros en estado de casi absoluta inconsciencia me doy cuenta de que las piernas continúan moviéndose con diligencia por el camino; una delante y otra detrás, no se han hundido de mala manera; no sé qué exactamente las empuja en dirección a Atenas, qué les impide desintegrarse. Por supuesto, cuando ya no hay más siempre queda un poco. Es entonces cuando la motivación —precisamente la que ayer por la noche, en el apartamento de Maratón, temía yo haber perdido debido a la ansiedad y al desaliento— se convierte en el motor de mi carrera, y no los músculos extenuados y los nervios hechos trizas. Efectivamente, no tengo la menor intención de rajarme, ahora no; esta carrera tengo que acabarla, aunque tarde días en hacerlo, y a los gigantes, los lapitas y todos los demás exijo ir a verlos con mis propios ojos al Partenón y sobre todo de pie sobre mis talones.

Empiezo entonces a mirar a mi alrededor en esta especie de *banlieue* del Mediterráneo que es la periferia que conduce a Atenas, entre panaderías turcas, motos herrumbrosas y llenas de desconchones, empresas asiáticas de importación-exportación y edificios tan *kitsch* que no sé si son casas o tumbas, y me pongo a catalogar todo lo que me llama la atención para impedirme oír esa voz despiadada que repite sin parar: «¡No lo conseguirás nunca!».

«Pues lo conseguiré, y tanto que lo conseguiré», me obligo a pensar, programando mientras tanto, con una minuciosidad casi paranoica, todo lo que tengo la intención de hacer en cuanto termine este infierno. Si el espejismo que impulsó a Murakami a llevar a cabo este mismo recorrido mío fue una cerveza helada, yo, por mi parte, sueño con una copa, o mejor directamente una botella de *retsina*, el popular vino blanco griego envejecido en barriles con una pizca de resina; como se sabe desde la Antigüedad, es precisamente en esta región del Ática que estoy atravesando donde crecen los pinos de Alepo, responsables de su sabor a mar y al mismo tiempo a bosque.

Me veo ya sentada a la mesa de alguna taberna de Monastiraki, escuchando a alguien tocar en directo música antigua y heroica, decidida a emborracharme y a reírme a gusto de estos griegos que, no contentos con haberme perseguido literalmente toda una vida con el peso y la seducción de su literatura densa y de su filosofía fatal, me han condenado también a correr como una posesa durante cuarenta kilómetros y pico. Con la frente perlada de un sudor cálido que, al entrar en contacto con el viento, se vuelve inmediatamente frío antes de desaparecer, en torno al kilómetro 33 juro y perjuro que no quiero volver a oír hablar nunca más de su lengua extraña, de sus ideas antiguas y de sus deportes extenuantes.

Así es como, maldiciendo mentalmente a Grecia y todo aquello en lo que he creído toda mi vida hasta este lamentable momento, como por milagro olvido el dolor, la fatiga, el desaliento. Y sin darme cuenta me encuentro al otro lado del muro.

A pocos kilómetros del estadio Panatenaico, Atenas no me ha parecido nunca tan fea; es decir, no me ha parecido nunca tan hermosa.

Siento con muchísima fuerza el contacto con el terreno bajo mis pies, la cadencia con la que la suela de los zapatos sube y baja sobre el asfalto agrietado aquí y allá de Atenas. El ritmo de mis pasos se ha convertido para mí casi en un mantra mudo, el latido del corazón de este maratón mío que sordamente me recuerda que, contra todo pronóstico, a dos kilómetros de la meta sigo corriendo.

Cuanto más me acerco al final de esta carrera enloquecida, más tengo la impresión de que siento bajo la suela de las zapatillas la historia de toda Grecia. Todos los kilómetros hechos desde Maratón hasta Atenas han obrado una especie de milagro transitorio: durante un puñado de horas he dejado de ser el enano insignificante a hombros de los gigantes; antes bien, la carrera me ha concedido el privilegio de mover mis propias piernas a lo largo del camino infinito del pensamiento del hombre, y de introducir mis minúsculos pies dentro de las huellas dejadas por los que me han precedido.

En cambio, me parece que a Filípides no lo he sentido nunca, y apenas he pensado en él; no lo he visto correr a mi lado, altanero en su calidad de número uno absoluto, como compañero imaginario de carrera; su gloria inmortal no ha iluminado ni un instante mi paso a través del Ática.

Será sin duda el agotamiento, la deshidratación, la necesidad desesperada de azúcares y de descanso, pero de golpe, me parece que corriendo he entendido muchas cosas, todo lo que se me escapaba cuando estaba parada como una pardilla.

He tenido que correr 41,8 kilómetros para descubrir que es vano y casi ingenuo pensar que el dolor puede esquivarse, evitarse. Es al estar heridos, como si fuéramos una presa, cuando corremos más.

Con el cuerpo martirizado por el esfuerzo y el sufrimiento he entendido que si seguía corriendo era precisamente gracias al dolor, era *en el* dolor donde estaba moviendo mis piernas; la pena era mi compañera y mi animadora, no mi enemiga. Por el contrario, un maratón corrido sin sufrir habría sido una estupidez y una pérdida de tiempo. Ya se trate del running o de la vida, el dolor es siempre un decoroso trofeo, tanto en la victoria como en la derrota. Es un recordatorio muy concreto de que estamos todavía vivos, de que si lo sentimos es porque la vida sigue jugando con nosotros y por lo tanto vale la pena jugar, de que tenemos miedo de morir solo cuando amamos demasiado la vida; es solamente por eso por lo que todos los runners se obstinan en correr como condenados.

He comprendido que, si esta mañana no me he aburrido corriendo durante horas por la llanura desnuda y arcaica de Maratón, no me aburriré nunca en todo lo que me queda de vida. He comprendido que mi mente, contra la cual he combatido trágicamente durante años y años hasta que correr me ha traído por fin un poco de paz, no es un campo minado que haya que temer con horror, sino un abrigo, una especie de refugio al que, aunque no siempre esté una precisamente cómoda, me puedo al menos retirar cuando los residuos del mundo exterior golpean mis sentimientos como pedradas.

Eso es lo que, en resumen, ha significado para mí correr este maratón; no alegría espontánea ni puro placer psicofísico —los momentos de éxtasis místico no han llegado nunca y no creo que lo hagan—, sino, por el contrario, dolor, mucho dolor; sin embargo, he tenido la sensación de estar protegida de alguna forma, al abrigo durante unas horas de la violenta metralla de la existencia que, cuando estoy parada, me hiere continuamente.

He comprendido que existen momentos sublimes en los que no hay nada que comprender racionalmente, solo hay que sentir; y creer con fuerza. Que existen certezas que debemos cultivar con una fe inquebrantable, más cercana a la religión que a las probabilidades estadísticas; que si creemos lo suficiente, en lo que cada uno quiera, entonces eso sucede; y si no sucede es porque no hemos sido capaces de creer en ello al máximo.

Finalmente he comprendido que, por algún extraño prodigio o por alguna conjunción misteriosa y perfecta, Grecia me atormenta siempre cuando no estoy en ella, cuando, lejos de su mar inquieto y de su tierra rojiza, me obstino enloquecida y desesperada en entender su lengua, su filosofía y su literatura. En cambio, cuando me encuentro aquí, a pocos pasos de la Acrópolis de Atenas, me parece que todo está clarísimo; aunque no sepa decirlo con palabras, todo me resulta coherente, en orden, destinado a durar eternamente.

Por último, me he dado cuenta de que, desgraciadamente, por mucho que me afane en contar, aunque sea forzando el alfabeto, la mayor parte de lo que he sentido corriendo este maratón, será siempre algo imposible de comunicar a los demás, y en parte incluso a mí misma. He corrido, y mucho, pero poco de lo que he sentido puede traducirse en palabras y en lógica; una gran parte de esta carrera permanecerá escondida en el silencio inflamado de mis músculos, de mis ligamentos, de este cuerpo programado únicamente para vivir.

Cuando diviso el perfil cóncavo del estadio Panatenaico que, sin anunciarse, surge en una hondonada entre dos colinas cubiertas de pinares, entre el barrio de Mets y el de Pangrati, casi ni me lo espero; hace ya más de diez kilómetros que he dejado de considerar esta carrera una tortura de la que liberarme lo antes posible, y ahora, curiosamente, casi lamento que esté a punto de acabar.

Su majestuosidad, casi su arrogancia, me desestabiliza y me golpea; desde que he salido de Maratón al amanecer es la primera vez que siento que las lágrimas me suben a los ojos y tengo unas ganas enormes de llorar. De repente no es solo a Filípides a quien siento en torno a mí, sino a todos los atletas griegos que, en los certámenes deportivos de Atenas, las Panateneas, fueron coronados vencedores.

Entre la multitud vislumbro a mi compañero; la pura evidencia de que existe me conmueve y me tranquiliza. Intento decirle algo, pero me parece que mis pensamientos vienen de muy lejos; permanecer sola dentro de mi mente, presente en la carrera durante cuatro horas o más, me ha protegido y mantenido como entre algodones; ahora me siento como un pez obligado a salir de su acuario o como una mariposa que tiene que salir de su capullo, una maratonista recién nacida obligada a dejar el cálido vientre del running.

Después de unos minutos en diferido respecto a mí misma, me doy cuenta por fin de que tras recorrer 41,8 kilómetros aquí estoy, en este ombligo del mundo y del running que es Atenas; esta es la llegada, y a partir de aquí empieza la fiesta, el descanso, la vida después de haber corrido mi primer maratón.

A diferencia de Filípides, no he muerto delante del estadio Panatenaico. Es verdad, estoy extenuada, sudada, arrugada, cansadísima y hambrienta, pero me jacto ahora de tener un derecho desconocido hasta hace 41,8 kilómetros: el de poder unirme al coro de todos los runners que, desde la batalla de Maratón de 490 a. C. hasta la actualidad, han tenido la alegría y el honor de poder decir: Νενικήκαμεν (*Nenikékamen*).

«¡Hemos vencido!».

10

RECUPERACIÓN

No siento de ningún modo la satisfacción de haber logrado nada. Lo único que hay en mi cabeza es la sensación de alivio por no tener que correr más.

HARUKI MURAKAMI,
De qué hablo cuando hablo de correr

Hace tres semanas corrí mi primer maratón y casi lo he olvidado.

Si escribo «casi» es porque las piernas, pasados ya veinte días, las sigo teniendo un poco doloridas por el desconsiderado esfuerzo a las que las sometí; por las mañanas, cuando con el frío de comienzos del invierno salgo rápidamente de la cama, cruje algo dentro de mí; no sé si son los huesos ateridos o los ligamentos oxidados por todo el viento que me fustigó corriendo en la llanura entre Maratón y Atenas.

Por lo demás, nadie parece recordar mínimamente cuánto me costó correr sin parar esos malditos 41,8 kilómetros, ni siquiera yo. A veces dudo que lo hiciera de verdad. La impresión de irrealidad y de inutilidad es tal que, si me dijeran que se trata solo de una proyección de mi mente, obligada desde hace meses a escribir un libro sobre el running, lo creería a pies juntillas.

La medida definitiva del olvido: la otra noche me llamó mi editor francés; yo tenía prisa y, cuando me preguntó por mi viaje a Grecia, respondí distraída: «¿Qué maratón?».

Una ampolla en el dedo gordo del pie izquierdo, casi curada; eso es, en definitiva, lo que me queda en concreto, al cabo de tres semanas, de toda esa obstinación mía por correr.

De todo lo demás —satisfacción, sensación de heroicidad, superación de mí misma y de mis límites, gloria, arrogancia— he perdido cualquier indicio; mejor dicho, tengo la impresión de que ni siquiera se ha producido ese sincero sentimiento de haber hecho lo que tenía que hacer.

No es que me esperara fiestas o celebraciones de ningún tipo al término del maratón; a decir verdad un poco sí, también yo habría deseado un simposio goliardesco en mi honor con poema incluido que conmemorara para siempre mi victoria, como en las antiguas Olimpiadas; en ese sentido, mi compañero ha hecho gala de su fantasía poniendo sobre mi cabeza, en cuanto he entrado en el Panatenaico, una coronita de hojalata decorada con hojas de laurel que compró a uno de los astutos vendedores ambulantes que llenaban la entrada del estadio.

Ya sabía yo que, al menos en mi caso, correr la distancia que separa Maratón de Atenas no iba a trastornar mi vida hasta el punto de trazar una línea recta que marcara un antes y un después. No creía, y todavía sigo sin creerlo, que correr un maratón entero fuera una cuestión existencial; a lo sumo sería una magnífica fuente de anécdotas para impresionar a un auditorio perezoso o distraído. Aun así, esperaba que esta historia de Filípides y de carreras épicas en el Ática dejara dentro y fuera de mí una marca que, aunque débil, fuera capaz de resistir el espacio de unos cuantos días y que no se evaporara más deprisa que el sudor que me bañó la frente corriendo durante más de cuatro horas.

Produce casi ternura tener que reconocer que hasta hace muy poco no he sabido comprender la injusta desproporción que separa lo que siento en mi interior y lo que, por el contrario, existe y toma forma fuera de mí; mejor dicho, esa ha sido una más de las lecciones, la última, casi la despedida de este maratón. Entenderlo me ha sorprendido: esa disparidad me ha parecido violenta y bárbara y, pese a todo, real, evidente; este maratón era tan importante para mí —al fin y al cabo he vivido durante meses en la idea de correrlo, me he preparado, me he entrenado, me lo he imaginado, me he obligado y me he motivado yo sola— cuanto irrelevante fuera de mí.

Me parecía natural que, por ósmosis, todo el mundo sintiese lo que sentía yo respecto al running, pues lo consideraba algo muy fuerte y apremiante; pero, en cambio, no sentía nada de nada: era «solo una sensibilidad», por decirlo con las mismas palabras que Virginia Woolf en *Diario de una escritora*.[*]

En resumen, hay dos cosas que recordaré siempre de esta agotadora aventura mía de las piernas y del

---

[*]   Virginia Woolf, *Diario de una escritora*, trad. de Andrés Bosch, Madrid, Fuentetaja. Talleres de Escritura Creativa, 2003. *(N. de los T.)*

espíritu: cuánto dolor y cuánto tiempo han sido necesarios para vivirla. Y qué poco, casi nada, para olvidarla.

Dicen que perder es dificilísimo, y yo no soy nadie para negarlo; mejor dicho, preferiría no saberlo. Eso sí, puedo confirmar en cambio cuánto y cuán a fondo escuece la derrota, ya sea personal o deportiva.

Me parece, sin embargo, que ganar —si es que torpemente y solo por comodidad, sin el menor viso de ambición (que sería ridícula), puede aplicarse el término «victoria» al hecho de haber llegado a la meta de un maratón sin venirme abajo— es algo en cierto modo sobrevalorado.

Quiero decir con ello: si me preguntaran cuánto tiempo ha durado el dolor después de una caída y cuánto lo ha hecho el recuerdo del dolor después de que la herida se convirtiera en cicatriz, respondería sin vacilar que meses e incluso años; en algunos casos el dolor no ha llegado a desaparecer nunca.

En cambio, me ha parecido que ha durado cinco minutos o poco más la alegría de haber llevado a término el primer maratón de mi vida; una alegría que ni siquiera ha tenido la intensidad de convertirse en felicidad, en esa especie de beatitud que invade y corrobora cualquier otro aspecto de la existencia multiplicando ideas y energías; se ha quedado, por el contrario, en un esbozo desenfocado de júbilo, que ha dado paso a un genérico buen humor, a un halo sonriente, antes de desaparecer por completo.

Me parece que André Agassi dice algo parecido en su libro *Open** cuando afirma, para pasmo del lector, que ganar su primer Wimbledon no influyó lo más mínimo en su satisfacción personal, pues ganar no cambia nada: «Ahora que he ganado un Grand Slam, sé algo que se permite saber a pocas personas en este mundo: las victorias no nos hacen sentir tan bien como mal nos hacen sentir las derrotas, y las buenas sensaciones no duran tanto como las malas. Con gran diferencia».

Ya en el taxi que, una vez acabada la carrera, me llevaba al hotel, despeinada y agotada como un perro callejero, tuve la impresión de que alejándome del Panatenaico lo haría también de la sensación de mi esfuerzo físico y mental, como si el estadio de Atenas fuera para mí el epicentro de por qué se corre; y luego, cuando, al cabo de una hora larga de agua tan caliente como para casi producirme una quemadura, salí de la ducha, noté que la intensidad de la satisfacción estaba disminuyendo, que otros pensamientos más o menos urgentes encontraban fácilmente acomodo en mi cabeza, que ya estaba preocupándome por otras cosas, que toda esa realización por el solo hecho de haber corrido 41,8 kilómetros ya no la sentía y que, por el contrario, deseaba pasar a otra cosa lo más pronto posible.

Los griegos tenían una palabra precisa incluso para designar el remedio para esa sensación de vacío y de

---

* A. Agassi, *Open. Memorias*, trad. de J. Estrella González, Barcelona, Duomo, 2014. *(N. de los T.)*

desgaste que nos invade después de haber participado en una competición, ya sea personal o deportiva: *apoterapia*, o sea, la «terapia del momento posterior», compuesta de ϑεραπεία (*therapéia*), «cura», y ἀπό (*apó*), partícula que indica separación, final. Y una vez más el farmacéutico por antonomasia de la Antigüedad, Galeno, se encarga de contarnos que algunos entrenadores antiguos guiaban a los atletas en la preparación, durante la prueba deportiva y también en la recuperación, llamada precisamente *apoterapia*.

En la vida, al igual que en este maratón mío, siempre me he quedado sin preparación en el momento posterior; evidentemente no he aprendido nunca lo que es la *apoterapia*.

Recuerdo todavía la sensación de abatimiento, casi de consunción, que experimentaba después de un examen en la universidad, una mezcla de cansancio extremo y *horror vacui*, el terror a descubrir qué iba a pasar tras una prueba para la cual me había preparado mucho y que durante meses había sido mi único horizonte temporal; nada o casi nada, eso era lo que se ocultaba detrás de una fecha que durante semanas se había erigido en mi fin del mundo personal. También en ese caso —aunque quizá fuera igual en la enseñanza primaria, cuando sufría en igual medida e incluso más aún por los pequeños exámenes o controles, poniendo una intensidad disparatada en conseguir que la maestra me dijera: «¡Muy bien!»— el placer de que me pusieran una buena nota, aunque fuera incluso la más alta, no igualaba nunca el peso del trabajo y de la entrega exigidos para conseguirla.

La felicidad de salir airosa de la prueba no estaba a la altura de la ansiedad y la fatiga que durante días y semanas había experimentado para conseguirla. Nunca he sido capaz de organizar grandes fiestas o hacer locuras en las que yo fuera el centro de atención, sino que, más bien, a menudo he evitado compartir con otros mis éxitos más o menos notables para no verme obligada a fingir una alegría que no sentía; creo que sucederá lo mismo también en el caso de esta larga carrera entre Maratón y Atenas.

No he conocido nunca a un solo runner que, una vez alcanzada la meta, sudado y destrozado por los kilómetros recorridos —a quienes solo ven un fin estético y narcisista en la carrera les invito a observar el aspecto monstruoso con el que los corredores cruzan completamente amoratados la línea de llegada—, conserve todavía una pizca de energía para hacer muchas alharacas. Si bien algunos son capaces de distender en una mueca sonriente los músculos contraídos del rostro debido al esfuerzo prolongado, muchísimos, en cambio, lloran, casi desesperados, mientras cubren los últimos centenares de metros; yo también sentí cómo me subían las lágrimas a los ojos cuando divisé a lo lejos el estadio Panatenaico.

Lo cierto es que todos cierran los ojos en el instante exacto en el que cruzan la línea de meta; quien no conoce la profundidad de la carrera considera, con razón, una locura correr 42,195 kilómetros para alcanzar un objetivo que, una vez alcanzado, nos negamos a ver.

Si un runner cierra los ojos en el momento de cruzar la meta es precisamente para seguir metido un poco más de tiempo en esa carrera antes de ser arrojado de nuevo a la vida cotidiana, esa vida que, como todos nosotros, va a un cansino ritmo de marcha. Lo que ve detrás de los párpados cerrados con fuerza no son celebraciones ni trofeos, sino los entrenamientos, las renuncias, las caídas y las obstinaciones que han hecho falta para llegar hasta allí, y a todos ellos les da las gracias uno a uno.

Pese a la modestia de mi actuación, de mi registro, yo también he sentido que una parte de mí se resistía a la obligación de tener que «salir» de inmediato del espacio protegido, íntimo, de *mi* carrera. Sé que parecí huraña y poco heroica, pero los que, en cuanto llegué al estadio de Atenas, se pusieron a hablarme e incluso a agasajarme apenas un segundo después de haber dejado de correr me irritaron, casi me sacaron de quicio. «¿Qué quieren? —me preguntaba—. ¿Por qué me obligan a sonreír? ¿Por qué debo fingir que estoy alegre, como ellos, solo para no defraudarlos?».

Ya sean celebraciones públicas o festejos íntimos, en cualquier caso la *apoterapia* del running comporta siempre cierta melancolía, típica del final, y una especie de desgarro doloroso: el que supone ser llamados al orden y volver a poner las piernas debajo de la mesa, tanto física como emocionalmente.

Y es que no importa hasta qué punto estemos satisfechos o desengañados con nosotros mismos; después

de un maratón, el ánimo tiene previsto siempre dejar de
jugar a correr y caminar finalmente con seriedad, etcétera, etcétera, a paso regular durante una vida entera,
hasta la tumba.

Hay una regla, la de Foster, por el nombre del maratonista neozelandés que la concibió, que prevé un día
de descanso por cada dos kilómetros corridos durante la competición; o bien, para los más generosos, un
día tumbado en el sofá por cada kilómetro recorrido
durante un maratón.

Después de atravesar corriendo el Ática, me habrían correspondido, pues, veintiséis días de recuperación como mínimo, y cuarenta y dos como máximo;
esta mañana he infringido las dos posibilidades y sin
pensármelo demasiado, menos de tres semanas después de mi primer maratón, he salido a correr.

Me ha gustado mucho, mucho más de lo que me
esperaba, sin duda mucho más que cuando, durante
la retahíla de agotadores entrenamientos que me lle-
varon a Atenas, me juraba y perjuraba a mí misma
que, si corría los benditos 41,8 kilómetros hasta el
final, no volvería a correr en mi vida.

Yo también he tenido, incluso antes de correr mi
maratón, la misma crisis de la que habla Haruki Murakami en su libro: creía que, una vez llevado a cabo mi
enloquecido proyecto pedestre-literario, no querría
volver a oír hablar de correr; me imaginaba el resto de
mi existencia dedicada de alguna manera a algún
deporte, incluso extremo, en caso de necesidad; a
cualquiera salvo al running. En el paraíso no se co-

rre, me decía; identificaba la beatitud con el olvido definitivo de las zapatillas de correr.

Esta mañana, en cambio, bajo un frágil sol de primeros de diciembre a orillas del Sena, el running me ha parecido perfectamente natural, perfectamente en su sitio dentro de mi agenda y de mi modo de vivir; iba oyendo un pódcast sobre la vida espectacular de Josephine Baker y en torno a mí las luces de Navidad unían, como si fueran un arcoíris, las calles de París.

No me ha dolido nada; las piernas, los ligamentos, el corazón y los pulmones se han recuperado ya del esfuerzo hecho en el Ática. Como a mí, se les ha olvidado. Ahora llevaba la misma sudadera gastada que llevaba aquel día —magdalena de Proust en clave de running, demostración concreta de que ese maratón lo he corrido de verdad—, un ridículo sombrerito amarillo fosforescente, guantes y pasamontañas para protegerme del viento frío; no me importaba en absoluto el tiempo que pudiera emplear corriendo, solo quería estar bien, volver a poner en orden mis sensaciones —mi cabeza— mientras desentumecía un poco las piernas.

Hacía ya unos días que notaba que eso de estar «en reposo» no constituía para mí ningún reposo. Me sentía irritable, nerviosa por la excesiva inmovilidad física y la excesiva inquietud mental; escribir estándome quieta sobre los kilómetros recorridos en Atenas me parecía fatigoso, las frases me salían ya cansadas sobre el papel, agarrotadas como si escribiera conteniendo la respiración.

No soy la única, y todavía menos la más intrépida; a casi todos los runners les traen sin cuidado las re-

glas y las prescripciones sobre recuperación después
de un maratón y, en cuanto se sienten lo bastante
sólidos sobre los tobillos finalmente desinflamados,
se calzan las zapatillas y vuelven a trotar por la carretera. Estarse quieto después de hacer 42,195 kilómetros es casi imposible; por eso es poco frecuente
que un maratón sea un episodio aislado en el palmarés de un runner, un *unicum* al que no sigan otros
maratones; en mi caso, la fiebre de correr es tan fuerte que ya me he apuntado a la San Silvestre Vallecа-
na, la espectacular carrera de diez kilómetros que
todas las noches del 31 de diciembre llena de fiesta
las calles de Madrid.

No estoy muy segura de que vuelva un día a correr un
maratón; el instinto me dice que sí, la razón me dice que
no y el cuerpo definitivo me dice que es demasiado
pronto para pensar en ello. Después de hacer 42,195 kilómetros, es sobre todo la cabeza la que tiene que recuperarse, no solo las piernas. Pero estoy segura de
que el running seguirá siendo una parte importante
de mi vida; si no la mejor, al menos la más honesta. Si
un día quiero volver a invertir tiempo y energía en mis
gemelos, sé que siempre me responderán, con lealtad
y honradez, en su justa medida. Tal vez la carrera no se
convierta en el elemento fundamental de mi biografía
ni de mis talentos, pero creo que sí se convertirá en un
punto de referencia; o al menos en algo en lo que, por
una vez, he creído hasta el fondo.

Así que esta mañana finalmente he decidido que seguiré creyendo en la carrera con fidelidad y honor; no tengo la intención de malgastar lo que me ha enseñado el running, ni la parte honesta de mí misma que he descubierto corriendo.

Y aunque todavía tengo que ponerme a caminar entre un kilómetro y otro, quiero seguir pensando que mi ritmo de vida irá hasta el final a paso de carrera.

AGRADECIMIENTOS

Si he llegado incólume al final de este libro, se lo debo a la lotería genética que, sin mérito alguno por mi parte, me ha concedido un cuerpo fuerte y sano, capaz de aguantar corriendo 42,195 kilómetros sin venirse abajo. Quiero dar las gracias, por tanto, a un dios o al hado y quiero dar las gracias a mis piernas, a mis tobillos, a mis músculos, a mis ligamentos, a mi corazón bradicárdico, a mis pulmones, a todas y cada una de mis células y hasta a la palabra «running», que evidentemente debe de estar escrita en algún rincón de mi ADN. O de mi alma.

Quiero dar las gracias a mis editores, Giovanni Carletti y Ludovic Escande, uno italiano y el otro francés, por haber creído en este proyecto tan extraño cuando yo misma todavía no me lo creía del todo y, ante todo, por haber seguido creyendo en él todas las veces —muchas— que he tenido ganas de abandonar la carrera, ya fuese literaria o deportiva.

Quiero dar las gracias a mi compañero, Luis Miguel, que con paciencia ha estado a mi lado durante toda la elaboración de este libro, desde que todavía era solo una idea desenfocada en mi cabeza hasta la corrección de las pruebas de imprenta en silencio, hombro con hombro, en un café universitario del boulevard Saint-Germain. No habría podido tener un motivador mejor para mis gemelos y para mi pluma, y sobre todo para mi corazón. El verdadero maratonista de casa sigues siendo tú, mi hombre con piernas de héroe griego.

Aun careciendo evidentemente de méritos deportivos, pero con una deuda inmensa de fidelidad, quiero dar las gracias, como ya es tradición, a mi adorado perro, que todas las mañanas corre feliz a orillas del Sena, ajeno a todo y sobre todo a mí.

Quiero dar las gracias por último, las más sinceras, a todos los runners con los que me he cruzado corriendo a lo largo de mi camino cuando escribía este libro. Sin ni siquiera saberlo, cada vez que me habéis adelantado (casi siempre) y cada vez que he sido yo la que os he doblado (raramente), bajo la lluvia o bajo el sol, habéis sido el mejor motivo para no darme por vencida, para fiarme un poco de mí y sobre todo para seguir corriendo y escribiendo.

Este libro
se terminó de imprimir en
Móstoles, Madrid,
en el mes de septiembre de 2025